JN106645

保育士を育てる④

谷田貝 公昭［監修］

子育て支援

佐藤 純子・髙玉 和子［編著］

一藝社

監修のことば

　本「シリーズ 保育士を育てる」は、保育士を養成する大学・短期大学・専門学校等のテキストとして利用されることを願って刊行するものである。

　本シリーズは、厚生労働省から出ている「保育士養成課程を構成する各教科目の目標及び教授内容について」に準拠したものである。また、ここで取り上げた各教科目は、保育士資格を取得するための必須科目となっているのである。

　保育士とは、「専門的知識及び技術をもつて、児童の保育及び児童の保護者に対する保育に関する指導を行うことを業とする者」(児童福祉法第18条の4) をいう。従前は、児童福祉施設の任用資格であったが、2001 (平成13) 年の児童福祉法の改正によって、国家資格となった。

　保育士の資格を取得するためには、大学・短期大学・専門学校等の指定保育士養成施設で所定の単位を取得して卒業して得るか、国家試験である保育士試験に合格して取得する方法とがある。

　よく「教育は結局人にある」といわれる。この場合の人とは、教育を受ける人 (被教育者) を指すのではなく、教育をする人 (教育者) を意味している。すなわち、教育者のいかんによって、その効果が左右されるという主旨である。

　このことは保育においても同じである。保育の成否は保育士の良否にかかっていることは想像に難くない。保育制度が充実し、施設・設備が整備され、優れた教材・教具が開発されたとしても、保育士の重要性にはかわりない。なぜなら、それを使うのは保育士だからである。いかに優れたものであっても、保育士の取り扱い方いかんによっては、子どもの発達に無益どころか、誤らせることも起こり得るのである。したがって保育士は、保育において中心的位置を占めている。

　各巻の編者は、それぞれの分野の第一線で活躍している人たちである。各巻とも多人数の執筆者で何かと苦労されたことと推察し、お礼申し上げたい。

　本「シリーズ 保育士を育てる」は、立派な保育士を育成するうえで、十分応える内容になっていると考えている。

　われわれ研究同人は、それぞれの研究領域を通して保育士養成の資を提供する考えのもとに、ここに全9巻のシリーズを上梓することになった。全巻統一の論旨については問題を残すとしても、読者諸子にとって研修の一助となれば、執筆者一同望外の喜びとするものである。

　最後に、本シリーズ出版企画から全面的に協力推進していただいた一藝社の菊池公男会長と小野道子社長に深甚の謝意を表したい。

　2020年1月吉日

　　　　　　　　　　　　　　　　　監修者　谷田貝公昭

まえがき

　日本では、女性の社会進出や共働き世帯が増え、保育や子育て支援サービスの充実と量的なニーズが高まっている。また、地域社会や家族のあり方の変容とともに、家庭の子育て機能が低下しており、地域からの孤立や育児不安などが引き金となって、児童虐待などといった子どもの権利が奪われるケースが増えてきている。そのため、保育所を始めとする各幼児教育施設においては、個々の子どもや家庭が抱えるニーズにいち早く気づき応答していくこと、すなわち親子への初動対応や早期対応が重要視されている。

　近年の子どもの育ちや子育てに関するニーズ充足は、日々の安心できる保育環境の提供といった基本的なことから、保育士の専門性を生かした相談援助や子育て支援などの事項を踏まえた保育の質の向上、保育現場への教育的機能への要望に至るまで多岐にわたる。そのため、保育士に求め期待される役割も大きいものとなっている。

　2017（平成29）年に改訂された保育所保育指針では、保育所の役割として共働き世帯と片働き世帯の双方の子育て支援を担うことの必要性が強調されている。さらに、保護者・家庭及び地域と連携した子育て支援の必要性が重要視され、保育士が一方的に子育て支援を担うのではなく、「保護者が子どもの成長に気付き子育ての喜びを感じられ

るように努めること」と明記されている。つまり、保育士は、家庭と連携して子どもの育成に関わっていくとともに、保護者及び地域が有する子育て力を尊重しつつ、当事者らがそれぞれの力を向上していけるように、保育の専門性や保育所の特性を生かしながら、保護者の主体性が尊重されるようサポートしていかなければならないということになる。このような背景を受け、保育士養成課程の見直しが図られ、2019（平成31）年4月からは、新たなカリキュラムのもと「相談援助」「保育相談支援」が再編され、「子育て支援」の科目が新設された。

　本書は、保育士養成課程「子育て支援」で学ぶべき目標・内容を網羅している。すなわち、子育て家庭の現状を把握し、相談支援の場面においても具体的な対応ができるように、学生自身が考え、実践できるよう演習課題も設定している。本書が、支援者として様々な視点をもち、各家庭にあった支援のあり方を導き出していくために必要な知識や技能の習得への一助となれば幸いである。

　最後に、本書の各章をご執筆くださった先生方、編集担当の川田直美さんに厚く御礼申し上げる。

　2020年3月

編著者　佐藤純子
髙玉和子

も く じ

第1章

現代社会における子育て家庭の現状

第**1**節 »» 子ども家庭をとりまく環境の変化と社会経済的状況

► 1 家族構造の変容

　近年、日本では社会経済的状況が大きく変容し、都市化・少子化・核家族化の進行に伴い、家族構造も大きく様変わりした。こうした変化は、子どもの育ちや子育て環境が多様化する要因となっている。高度経済成長期となる 1950 年半ばから 1970 年初頭にかけては、3 世代同居世帯が比較的多く、子どもの数が 3 人以上という家庭も少なくなかった（第二次世界大戦後、子どもの誕生が爆発的に増えた 1947 年から 1949 年頃のことを第一次ベビーブーム期と呼ぶ）。この世代は、高校や大学を卒業後、大都市で就職し、結婚するケースが多かった。その結果、都市部を中心に核家族化が進行していったということになる。現在は、核家族化の進行だけでなく、結婚や出産など家族観や家族のあり方がその頃とは異なる様相を呈している。厚生労働省が発表した「平成 28 年度人口動態統計」によると、平均初婚年齢は男性 31.1 歳、女性 29.4 歳と上昇が続いており、晩婚化の傾向が顕著である。さらに、2015（平成 27）年の国勢調査では、生涯未婚率が男性 23.4％、女性 14.1％とそれぞれ上昇しており、今後も未婚率の上昇が予測されている。さらに、離婚件数も上昇傾向にあり、親が離婚し未成年の子どもを育てている、いわゆる「ひとり親世帯」の数も増加している。

▶ 2 「少子化」と孤立する「家族」

　高度経済成長期以降、日本で合計特殊出生率の連続した低下が目立つ
ようになった時期は、1980年に入ってからである。1966年（丙午の年）
に合計特殊出生率が1.58に低下したこともあったが、その数値は一過
性のもので終わった。その後は1970年代に第二次ベビーブームが到来
し、出生率は2.0台を維持することができた。すなわち、人口置き換え
水準（長期的に人口が増加も減少もしない均衡した状態となる合計特殊出生率
の水準を示し、現在の日本の人口に置き換え水準は、2.07となっている）を下
回ることなく出生率が比較的安定していた時代が1970年代となる。と
ころが、1989年になると1966年の数値を下回る1.57（いわゆる「1.57ショッ
ク」のこと）を記録することとなり、「少子化」に対する危機感が世論に
広がっていった。1990年代の終わり頃から数年の間は、1.3〜1.4の値
を推移していたが、2005年になるとついに過去最低となる1.26を記録
した。2006年以降は、上昇傾向に転じているものの、2018年の数値は
1.42であり依然として低水準の値を推移している。

　以上のように、現代では家族形態や家族構造の変化が著しい。このよ
うな「家族」の変化は、乳幼児の育ちにも大きな影響を及ぼしている。
さらに、子どもを育てる立場にある養育者にとっても子育てがしにくい
状況を招いている。特に、孤立した子育て家庭が抱える諸問題が、育児
不安や児童虐待につながりやすいことから、親子を孤立しないための仕
組みづくりや地域づくりが重要となっている。

▶ 3 子育て家庭の抱える課題

　家族構造や家庭生活の在り方の変容は、人々のつながりを希薄化させ、
子育ての孤立化を促進する要因にも繋がっていく。また子育ての方法論
から価値観に至るまで、その中身の変化にも影響する。かつての日本社
会では、子どもは親族を含む大家族や地域共同体によって守られ、そし

て育成されてきた。また、周囲の大人だけでなく、近隣に住む異年齢の子どもたちの存在も大きかった。子どもたちは、異年齢遊びを通じて社会のルールや他者との関わり方、親になるための準備などといった生活技術を身につけていた。つまり、子どもたち自身が生きるために必要な力を日々の暮らしの中で学習できる機会が豊富に用意されていたということになる。このようにして、家族をはじめとする血縁者だけでなく、地縁者による子育ち・子育てへの下支えが地域社会の中でなされてきたのである。

　ところが、現代になると、都市部を中心に密室の中で子育てが行われる、いわゆる「密室育児」が拡がり、地域共同体とのつながりが脆弱化している。さらに、人々のライフスタイルも大きく変容していることから、家庭生活はより「私事化」「個人化」の方向に向かっている（森岡1993）。とりわけ片働き世帯では、母親と子どもが「家庭」という密室の中に閉ざされる「母子の孤立化」が進んでいった（大日向、2000）。現代の親世代は、共働き世帯が多くなってきているものの、どちらか片方の親が育児を一人でこなす「ワンオペ育児」も新たな社会問題として表面化している。さらに、現在子育て中の親自身が地域社会の中で育てられた実感を持っていないことから、育児の知識や技能を学ぶ体験がないまま親となっているケースも増えてきている。そしてこのことは、親の負担感や孤独感、不安感がより一層助長させている。

第2節 »» 子育て家庭の実態と保護者の要望・要求

▶1　子育て中の家庭の状況

　女性の社会進出や共働き世帯の増加に伴い、保育・幼児教育施設に求められることや子育て支援サービスに対するニーズが拡大傾向にある。

日本では、これまで量的ニーズを充足する施策を積極的に取り組んできた。しかし、質的ニーズへの充足が追いついてこなかったため、現在は質的なニーズにも応えるような取り組みが強化されている。

　昨今は、ひとり親世帯が増加する中で「子ども貧困」についても深刻な社会問題として顕在化してきている。厚生労働省が実施した「平成28年度　国民生活基礎調査」によると、日本の子どもの貧困率は13.9％であり、約7人に1人の子どもが貧困ライン以下の生活をしていることが明らかとなった。しかし、貧困状態は周囲から見えづらいのが特徴となる。加えて、アレルギー、障害、発達の遅れ、児童虐待や保護者の産後うつなどを含む精神疾患など、各家庭のニーズが多様化している。こうした状況を受け、保育所を始めとする幼児教育施設においては、個々の子どもや家庭が抱える潜在ニーズにいち早く気づき、それに対応していくことが期待されている。子どもの育ちや子育てに関するニーズへの充足は、延長保育や一時保育、安心できる保育環境の提供といった基本的なものから、保育の質の向上など保育者側のスキルアップに関する事項、保育現場への教育的機能への要望に至るまで多岐にわたり、保育士に対する役割期待が膨らむ一方である。

▶ 2　保護者が求める支援ニーズ

　上記で示したように多様化する子育て環境の変容に伴い、保育所等の専門施設が保護者の悩みや相談の最初の窓口になることは多い。

　子育てを負担に思う保護者、地域や親族から孤立している保護者、さまざまな保護者がいるなかで、各家庭はどのようなことに困難をかかえているのであろうか。ミキハウスは、2018年に全国の父親・母親を対象とした「子育ての悩みに関するアンケート調査（有効回答数4,968名）」を実施し、「家庭」、「配偶者との関係」、「仕事との両立」、「育て方」と4つの面から子育ての悩みを尋ねている。その結果から、父親または母親が常に仕事に忙しく家にいない、もしくは育児に無関心という理由か

ら育児・家事を父親または母親が一人でこなさなければいけない「ワンオペ育児」の状況下におかれている保護者が多いことが明示された。

　子どもの育て方についての悩みについては、多方面にわたっており、一番多かった「子どもの生活リズム」に関する悩みについては、全体の61.5％の家庭が困っていることが示されている。こうした家庭では保護者の帰宅時間が遅く、夜型になりがちな親の生活に影響を受けている場合や、子どもの成長に伴う生活リズムの変化など家庭要因とともに、子ども自身の要因も考えられる。続いては、「子どもの食事」(50.7％)、「叱り方」(42.2％)、「抱っこしないといけないケースが多い」(41.1％)、「夜泣き」(31.9％)の順となっている。保護者の悩みの中でもとりわけ多かったのは、「子どもの生活リズムをどう整えるか」についての悩みであった。このことからも、日中の子どもの様子を把握している保育者は、専門的な見地から保護者の悩みや不安を少しでも軽減し、子育てがしやすい環境を整えるために、日常的な生活支援にも応じていく必要がある。

► 3　子育て家庭の状況に応じたエンパワメント支援

　子育て支援事業を充実させることは、育児ストレスや孤独な子育てから保護者を救うだけでなく、子どもが育ちやすい環境を醸成することにも寄与していく。しかし、過剰に保育や子育て支援サービスを提供することは、養育者である保護者に利得をもたらすが、その一方で、サービスに依存的な家庭を創出してしまう可能性もある。現代家族にとっての「子育ての社会化」は、どの家庭にとっても大なり小なり必要不可欠なものとなっている。つまり、何らかの社会的扶助と私的扶助がなされなければ子育ては成り立っていかない時代を迎えている。しかしながら、保育士や子育て支援事業の従事者が一方的に親の子育て負担を肩代わりするような支援は、回避していかなければならないであろう。むしろ、子育ての当事者である親がいかにして子どもと向き合い、自身の持つ力

を発揮しながらわが子を育んでいけるかについて、保育士や支援者らとともに考えていくべきなのである。

「教育基本法」では、「父母その他の保護者は、子の教育について第一義的責任を有する」ことが記されている。また「児童の権利に関する条約」においては、「父母又は場合により法定保護者は、児童の養育及び発達についての第一義的な責任を有する」こと、そして「次世代育成支援対策推進法」では、「父母その他の保護者が子育てについての第一義的責任を有する」旨が明記されている。親の潜在能力を無視し、子育て支援サービスばかりが蔓延していくのであれば、それは、家庭支援や子育て支援とは言えない。なぜなら、親の子育て力が育つ土壌や機会を奪ってしまうことにもつながるからである。「子どもと向き合うのがつらい」、「育児は疲れる」と感じていた親が、「子どもを愛おしく感じる」ことへと向かうプロセスは、親が親になることへのプロセスでもある。

▶4　子育て家庭の支援ニーズに気づき・理解し・対応する

保育所保育指針にも示されているように、保育所における保護者に対する子育て支援は、全ての子どもの健やかな育ちを実現することができるよう、子どもの育ちを家庭と連携して支援していくとともに、保護者及び地域が有する子育てを自ら実践する力の向上に資するものにしていかなければならない。2018（平成30）年に施行された改定では、保護者と連携して「子どもの育ち」を支えるという視点を持って、子どもの育ちを保護者と一緒に喜び合うことが重視され、それとともに、保育所が行う地域における子育て支援の役割が重要であることが以下の二点に示されている。第一に、保育所を利用している保護者に対する子育て支援である。

保育所保育指針　第4章　子育て支援（下線、筆者）
2　保育所を利用している保護者に対する子育て支援
(1)　保護者との相互理解
ア　日常の保育に関連した様々な機会を活用し子どもの日々の様子の伝達や収集、保育所保育の意図の説明などを通じて、保護者との相互理解を図るよう努めること。
イ　保育の活動に対する保護者の積極的な参加は、保護者の子育てを自ら実践する力の向上に寄与することから、これを促すこと。
(2)　保護者の状況に配慮した個別の支援
ア　保護者の就労と子育ての両立等を支援するため、保護者の多様化した保育の需要に応じ、病児保育事業など多様な事業を実施する場合には、保護者の状況に配慮するとともに、子どもの福祉が尊重されるよう努め、子どもの生活の連続性を考慮すること。
イ　子どもに障害や発達上の課題が見られる場合には、市町村や関係機関と連携及び協力を図りつつ、保護者に対する個別の支援を行うよう努めること。
ウ　外国籍家庭など、特別な配慮を必要とする家庭の場合には、状況等に応じて個別の支援を行うよう努めること。
(3)　不適切な養育等が疑われる家庭への支援
ア　保護者に育児不安等が見られる場合には、保護者の希望に応じて個別の支援を行うよう努めること。
イ　保護者に不適切な養育等が疑われる場合には、市町村や関係機関と連携し、要保護児童対策地域協議会で検討するなど適切な対応を図ること。また、虐待が疑われる場合には、速やかに市町村又は児童相談所に通告し、適切な対応を図ること。

　保護者に対しては、保育士と相互理解を図りながら、個別性に配慮された支援が受けられるようにしていくことが重要である。個別性とは、それぞれの家庭の働き方が尊重されるだけでなく、障害児のいる家庭、不適切な養育が疑われる家庭などに対し、地域の機関とも連携しながら個別に支援することである。

　第二は、地域の保護者等に対する子育て支援である。保育所や幼稚園、認定こども園などに通園する子どもだけでなく、地域に居住する親子に対しても支援していくことが求められている。共働き家庭よりも在宅家庭の方が育児ストレス値の方が高いということからも、保育士には、より広い視点から当該地域の子育て・子育ちを保護者とともに担っていくことが期待されている。

3　地域の保護者等に対する子育て支援
(1)　地域に開かれた子育て支援
ア　保育所は、児童福祉法第48条の4の規定に基づき、その行う保育に支障がない限りにおいて、地域の実情や当該保育所の体制等を踏まえ、地域の保護者等に対して、保育所保育の専門性を生かした子育て支援を積極的に行うよう努めること。
イ　地域の子どもに対する一時預かり事業などの活動を行う際には、一人一人の子どもの心

> 身の状態などを考慮するとともに、日常の保育との関連に配慮するなど、柔軟に活動を展開できるようにすること。
> （2）地域の関係機関等との連携
> ア　市町村の支援を得て、地域の関係機関等との積極的な連携及び協働を図るとともに、子育て支援に関する地域の人材と積極的に連携を図るよう努めること。
> イ　地域の要保護児童への対応など、地域の子どもを巡る諸課題に対し、要保護児童対策地域協議会など関係機関等と連携及び協力して取り組むよう努めること。

　養育困難や虐待等の問題を抱える家庭に対しては、子どもやその保護者のケアを優先して行い、福祉的ニーズに早期に対応できるよう積極的に取り組む必要がある。なぜなら、保育所を始めとする子育て支援施設とそこで従事する私たち保育士が、子どもやその家庭にとってのセーフティネットの役割を果たしていくからである。

【引用・参考文献】

大日向雅美『母性愛神話の罠』日本評論社、2000年

厚生労働省『平成28年度 人口動態統計特殊方向「婚姻に関する統計」の概況』2017年
　　1月18日

厚生労働省「平成29年（2017年）人口動態統計月報年計（概数）の概況」2019年6月1日

ミキハウス出産準備サイト「子育ての悩みに関するアンケート調査」〈http://baby.
　　mikihouse.co.jp/〉（2019.6.3最終アクセス）

森岡清美『現代家族変動論』ミネルヴァ書房、1993年

（佐藤純子）

第**2**章

保育士の行う子育て支援

第**1**節 »»» 子どもの最善の利益と子育て支援

▶ 1 子どもの最善の利益とはなにか

　人間の子どもは誕生した直後から一人で生きていけるわけではない。母親のお腹に胎児として存在し、外界に生まれ出てくるまでにも親という存在がなければ生存は不可能である。誕生してから親をはじめとして周囲の人たちが育てていくことで、生きることができる。ただ衣食住の世話をすれば育つのかというと、身体的には育つかもしれないが、人間は元来身体と精神が切り離して生活しているわけではなく、親などの周囲の人たちとの情緒的繋がりも重要となる。心が育つとはこの情緒的関わりが中心となる。

　衣食住の確保は人間らしい生活を保障し、その上精神面で人と繋がるためには親などの保護者である人との愛着形成が重要になる。愛着の形成は、特定の大人との情緒的交流を通して、安心できる自分の居場所を見出していくプロセスの中から醸成されていく。子どもが家庭等で日々の生活を安定した環境で育てられることにより、徐々に外界との接点をもつことができるようになる。自分の行動範囲を広げる時に不安や恐怖心が生じても、親の元に戻れば受け入れられ、守られて、安心感を得ることで、再度挑戦していくことができる。このように、親が保護者としての子どもに対する養育の責務を果たしながら、子どもとの成長・発達を支え、一緒に楽しみながら生活していけるのが理想である。

　子どもは自立するまで身体的にも精神的にも親など周囲の人たちの保護や愛護を必要としている。子どもにとってどのようにしたら一番良いのか、最適な環境は何かなど、「子どもの最善の利益」を考えていくことが求められている。

▶2　国際的な流れとしての「子どもの最善の利益」

　国連において「児童の権利に関する条約」が採択されたのは 1989 年である。日本は 1994 年に批准したが、「子どもの最善の利益」の文言は当時の子ども関係の法律にはすぐには導入されなかった。

　「児童の権利に関する法律」は通称「子どもの権利条約」と呼ばれ、第 18 条「児童の発達についての父母の責任と国の援助」において、以下の通りに述べられている。

　１．締約国は、児童の養育及び発達について父母が共同の責任を有するという原則についての認識を確保するために最善の努力を払う。父母又は場合により法定保護者は、児童の養育及び発達についての第一義的な責任を有する。児童の最善の利益は、これらの者の基本的な関心事項となるものとする。

　２．締約国は、この条約に定める権利を保障し及び促進するため、父母及び法定保護者が児童の養育についての責任を遂行するに当たり、これらの者に対して適当な援助を与えるものとし、また、児童の養護のための施設、設備及び役務の提供の発展を確保する。

（外務省訳）

　日本では改正児童福祉法（2017 年 6 月 23 日公布）において、ようやく「子どもの最善の利益」が、以下のように盛り込まれる運びになった。

第1章　総則

第１条　全て児童は、児童の権利に関する条約にのつとり、適切に養育されること、その生活を保障されること、愛され、保護されること、その心身の健やかな成長及び発達並びにその自立が図られることその他の福祉を等しく保障される権利を有する。

第２条　全て国民は、児童の良好な環境において生まれ、かつ、社会のあらゆる分野において、児童の年齢及び発達の程度に応じて、その意見が尊重され、その最善の利益が優先して考慮され、心身ともに健やかに育成されるよう努めなければならない。

２　児童の保護者は、児童を心身ともに健やかに育成することについて第一義的責任を負う。

３　国及び地方公共団体は、児童の保護者とともに、児童を心身ともに健やかに育成する責任を負う。

▶３　保育所保育指針にみる子育て支援

「保育所保育指針」は、国が児童福祉施設の設置及び運営に関する基準第35条に基づいて、厚生労働省告示として保育内容関係の事項を定めたものである。2017年3月31日に新しい指針に改められた（適用は2018年4月1日）。2008年の告示では、第6章に「保護者に対する支援」と記されていたが、新しい指針では、第4章に「子育て支援」として位置づけた。

　この章では、子どもの育ちを支えるために保育所は家庭と連携して、保育所を利用している保護者や地域の子育て家庭の養育力向上を目指すことを述べている。保育所と保育士は地域の重要な社会資源であり、その活用に関しては保育所内に留まらず、広く地域の一般の子育て家庭にも利用してもらいながら、各家庭が子育てについて孤立しないよう支援していこうとしている。保育士のもつ保育の専門的知識・技術を活用し、子育て家庭に対し子どもを共に育てていこうとする姿勢の表れといえる。

　支援を行う際には、保護者の気持ちに寄り添い、信頼関係を構築し、情報提供やアドバイスをして、保護者が自己決定できるように支えていく。相談に応じることは、その家庭のプライバシーに触れる内容が多いため、個人情報の取り扱いに注意が必要である。保育士は専門職であり、その職務には秘密保持の原則が必ず伴う。また、相談内容によっては、関係機関等と連携して支援する方が望ましいことが多く、保育所内での職員間の共通認識と守秘義務に加え、ネットワーク会議を開いた際には参加者全員に課せられる秘密保持を心得ておかなくてはならない。

第2節 »»» 保育施設における子育ち・子育て支援

► 1　保育所の目的

　保育所は児童福祉法に規定されている児童福祉施設の1つであり、その中でも一番設置数が多いのは周知の事実である。児童福祉法第39条4に、「保育を必要とする乳児・幼児を日々保護者の下から通わせて保育を行うこと」とその目的が定められている。以前は「保育に欠ける」としていたが、改正後は「保育を必要とする」という文言に変わった。

　では、保育を必要と考える子育て家庭が希望すれば利用が可能かというと、残念ながら都市部では待機児童問題があり、希望者全員を受け入れることは困難になっている。2019年10月から保育・幼児教育の無償化が始まり、今後の国の子育て支援策に注目していく必要があるであろう。

► 2　様々な形態の保育所

　国の設置基準を満たしている認可保育所には、市町村が運営している公立保育所や社会福祉法人の私立保育所などがある。その他、自治体が独自で認可している保育所（例として、東京都の認証保育所など）がある。

2015 年に子ども・子育て支援法が制定され、2017 年から子ども・子育て支援新制度が発足し、子ども・子育て支援事業計画が策定されている。認定こども園で 0 〜 2 歳児の低年齢児を保育していることや、小規模保育所、家庭的保育事業（通称、保育ママ）、さらに企業主導型保育事業も始まった。

　色々な型態で子どもの保育が実施されるようになり、保護者への支援も行っている。つまり、運営主体は異なるけれど、いずれの保育施設においても、子どもの保育を実施しているだけではなく、保護者の子育ての不安や心配などの相談に応じている保育士の姿勢は変わらないといってよいであろう。今後ますます子育て家庭への支援が必要とされ、そのためには保育士の相談に向かう姿勢や態度が肝心となる。

▶ 3　保育における子ども理解

　子どものありのままの姿を受け容れることは、新任の保育士にとっても難しく、その子どもの個性や能力、興味、行動特性などを理解するのに時間がかかる。毎日のように関わっていくことにより、その子どもを深く知ることができるようになる。例えば遊びに関しても、一人の子どもとして何に一番興味関心を持っているのか、集団遊びではどのような動きや思いを持っているのかなど、関わる過程で次第に理解していく。

　子どもは家で見せる姿と保育所などの集団生活では異なることも多い。親は家での子どもしか知らないため、園生活でも同様にしていると思いがちだが、園での様子を保育士から直接話されたり、連絡帳やクラスだより、園だよりなどで、わが子の違う面を発見することができる。つまり、子どもの個人の全体像を家庭と保育所と共通理解していくことが、その子どもと親の両方にとってもより良い状況の中で過ごせることになる。

　さらに、保育士はその子どもの家庭状況についても知ることで、子どもの生活環境を理解し、園生活で日々見せる子どもの表情や言動がどこに起因するのかを知ることもできる。例えば、夫婦関係に問題が生じて、

子どもの目の前で夫婦喧嘩やＤＶが起きている家庭では、登園してから機嫌が悪かったり、友達に乱暴をしたり、遊びに集中できないなど、園生活にも影響を及ぼしていることがみられる。また、ネグレクトされている子どもは、給食でおかわりをしてむさぼるように食べたり、衣服が洗濯されていないなど、清潔に配慮が欠けていることがわかる。

　このように子どもを理解することは、その家庭も合わせて理解することであり、課題や問題を抱えている子育て家庭に手を差し伸べていく必要がある。「子どもの最善の利益」を一番に考えていくには、その子どもが幸せを感じる生活環境を整えていくことが大切である。

第3節 »»» 保護者の子育てにおける課題

▶1　子育ての悩み

　親の子育てに関する不安や悩みは普遍的な課題であるといってもよいであろう。日本では、親になる前に親教育を受ける機会は少ないといえる。中学校や高校での家庭科で性教育と併せて子どもの誕生が教えられたり、高校で「保育」関連の科目を選択できるが、全ての子どもたちが子育てについて学んではいない。近年赤ちゃんを抱っこしたことがないまま成人し、親になって初めてわが子を抱くという場合も少なくない。このような状況に危機感を抱く教員も増え、"赤ちゃんとの触れ合い"を目的とした特別授業を設定する学校も少しずつ増えてきた。

　現在子育てをしている親は、核家族の時代に育ってきていることもあり、親戚や近所の子どもを抱っこしたり遊んだりする機会を得ずに大人になった人たちが多い。そのため、自分がいざ親になると知らないことが多く、実際の子どもの姿に驚くことになる。確かに赤ちゃんは可愛いが、言葉はまだ獲得していないため、泣くことで自分の欲求を訴える。

しかし、最初親は子どもが何を求めているのかわからず理解に苦しむ。

　そのような時に、身近に自分の親や親族が子育てを手伝ってもらえるとどれだけ助かるかわからない。核家族での子育ては、私的な支援が得にくいことや、祖父母もまだ現役で働いていると、支援することは難しくなる。

　そこで、頼りになるのは保育所などの公的な支援を提供する保育施設である。保育施設では子育て相談を実施している。保育所等を利用している子育て家庭だけではなく、地域の一般の子育て家庭も対象に相談にのっている。図表 2-1 は、筆者が 2019 年 3 月に T 市の子育て支援員等の研修を行った際に、保育士等子育て支援員を担う人たちから出た子育てに関する相談内容をまとめたものである。

▶ 2　子育て相談における保育士の対応

　子育ての悩みや不安は様々であり、子どもの成長・発達や基本的生活習慣（食事、睡眠、排泄、清潔、衣服の着脱）など、保育士が日々行っている保育に関係している内容も多くみられる。しかし、夫婦関係や社会的・経済的問題、障害関係、虐待などは、保育士が一人で対応するのが難しいことも多い。

　まずは支援する側の保育士の姿勢として、保護者の話を一生懸命聴き、理解しようとすることが大事である。これは「傾聴」という相談面接における基本的な技法であり、すぐに問題は解決できなくとも、相談した保護者の気持ちが落ち着き、自分の悩みや不安を受けとめてくれる存在がいることで安心できるようになる。

　保育士は相談面接を進めていく中で、保護者は何を求めているのか話された内容から、この段階でどのような問題状況であるか把握できていないうちに助言や指導をしないように気をつけたい。保護者との信頼関係を築くためには、真摯に向き合う必要がある。話を聴いて理解しようとする、さらに問題状況等を把握してアセスメントしていく力が、支援

図表 2-1　子育て支援員が保護者から相談を受ける "子育ての悩み・心配"

人間関係	すぐ手が出る、友達とのトラブルでひっかかれた、他児と上手く遊べない、友達の玩具を欲しがる、友達に対して乱暴
生活リズム・時間	支度に時間がかかる、自分で靴を履かない、生活場面の切り替えでごねる、自分で自分のことをしてくれない、せっかくお迎えにいったのに帰ろうとしない、何でも自分でやりたがりすべてのことで時間がかかる、朝の登園を渋り困らせる、朝起きるまでに時間がかかる
食事	ご飯をしっかり食べてくれない、食べムラがある、食べすぎ（食事をセーブしたほうが良いか？）、食事に時間がかかる、野菜を食べない、ご飯を食べない、おやつばかり食べてご飯を食べない、座って食事ができない、好き嫌いが多い、食べる時にこだわりがあり野菜を食べない、食べさせるのに苦労している、保育園だとご飯を食べるのに家だと食べない
睡眠	寝起きが悪い、夜なかなか寝ない、寝る時間が遅い、朝なかなか起きない
清潔	お風呂が嫌い
発達・情緒	動き回りすぎ、言葉が遅い、身体が小さい、言葉が思うように出ない、抱っこばかりで歩かない、イヤイヤ期どうしたらいいか、他の子どもと比べる、2歳なのに言葉が少ない、イヤイヤが激しい、すぐに泣く
保護者の思い	子どもにすぐ怒ってしまう、父母会が面倒、お金がない、住宅ローンが大変
コミュニケーション	言葉遣い、返事をしない
排泄	トイレトレーニングの進め方、トイレの自立が出来ない
自己主張	同じ服ばかり着たがる、反抗的（口が悪い・言葉が乱暴）、保育園で離れるのが嫌で時間がかかる、登園拒否、なかなか言うことを聞いてくれない、わがまま（言うことを聞かない）、言いだしたら聞かず子どもに振り回されている、言うことを聞かず家で大きな声を出したり歌ったりする
きょうだい関係	下の子に焼きもちを焼く、3歳上の兄が妹にのっかることがある（ふざけなのか）

（筆者作成）

計画に繋がっていくのを自覚して、保護者の相談に応じていくことが求められている。

　後の章で詳しく相談面接に際しての保育士の姿勢・態度、技術について述べられるため、参考にしてほしい。

【引用・参考文献】

厚生労働省『保育所保育指針＜平成29年告示＞』フレーベル館、2017年

松本園子・永田陽子・福川須美・堀口美智子『実践家庭支援論』みなみ書房、2011年

五十嵐淳子・船田鈴子編著『保育の学びを深める子育て支援の実際』大学図書出版、
　　2017年

（髙玉和子）

第**3**章

保育士と保護者との信頼関係

第**1**節 »»» 保育士と保護者との日常的関係

▶ 1 送迎時の関わり

　保護者が出勤前に、子どもを保育所へ送ってくる。保育士は、保護者、子ども達と挨拶を交わしながら、子ども達を受け入れていくのが朝の光景である。この時の一言、二言程度の日常的なやり取りの中で、保育士は、保護者、子どもの表情や態度から、その状態や様子を把握することが求められる。さらに、普段とは異なって、子どもの健康状態などについて、保護者から話がある場合は、日中の保育に向けて、丁寧な聞き取り、内容把握が必要となる。保護者の迎え時には、日中の様子を伝え、子どもが親とともにスムーズに家庭生活へ戻っていける細かな配慮が大切となる。送迎の時間は、限られた時間となることが多いが、時間的・精神的なゆとりが取れる時は、保育士と保護者が日頃の子どもの様子を伝え合う良い機会となる。

▶ 2 保育連絡帳等のやり取り

　保育所で取り入れられている連絡帳は、保護者から、体温、食事、排便、機嫌などの体調、さらに家庭での出来事、様子が伝えられる。そして保育所からも、日中の体調や様子を伝える。このやり取りは、日々の記録でありながら、保育士と保護者が子どもについての共通理解を深め、成長していく子どもの姿を共に喜び合える内容が望ましい。このため、

保護者の思いや悩みを連絡帳のやり取りから汲み取ることが必要である。また、保育や関わりの意図を文面で伝える力が求められる。

▶3　園便り・クラス便りの配布

ペーパーレス化も進んでいるが、園だより・クラスだより、さらに給食だより、保健だよりなどは、保育所から家庭への情報伝達の手段として活用されている。園だよりは、保育所全体のお知らせ、行事等が中心であり、クラス単位となるクラスだよりは、クラスの様子や子どもの姿が細やかに記されることが多い。それぞれのたよりの特性により、保育士の子どもへの思いが反映されたものとなる。このため、保護者が保育所、保育士の日々の保育の意図や意味を知る機会となっている。

▶4　園行事

保育所では、年間を通して様々な園行事（運動会、発表会、誕生会、保育参観など）が行われている。保育における行事の意味は多様であるが、保護者と保育士の関係構築の観点からは、わが子の保育所での姿、保育士・他児との関わりなどを見てもらい、共通理解を互いに深めていくことである。保護者にとっては、保育士が子ども達の発達を支えるために、どのように関わっているのか、その具体的な関わりや声かけを知る機会である。また、保育士は、送迎時以外の親子の関わりや関係性をみることができる。そうした中で、保育士は子ども、家族への理解を深め、保護者は自らの子どもへの関わり方を振り返ることが期待される。

▶5　家庭訪問・個人面談

家庭環境の把握や保護者と子どもへの共通理解をより高めるために、家庭訪問、個人面談が多くの園で行われている。一人ひとりの保護者と向き合いながら、園での子どもの姿や様子を伝えることができ、保護者と信頼関係が深められる機会にすることが大切である。また、訪問や面

談の特性から、保護者からの要望、子育ての悩みや不安など、個別性の高い内容が扱われることになることも多い。このため、保護者の気持ちに丁寧に寄り添った関わりが必要となる。

第**2**節 »»» 信頼関係の構築のために

► 1　保護者と相互理解を深める

　「保育所保育指針」＜平成 29 年告示＞第 4 章子育て支援、2 保育所を利用している保護者に対する子育て支援、（1）保護者との相互理解、アには、「日常の保育に関連した様々な機会を活用し子どもの日々の様子の伝達や収集、保育所保育の意図の説明などを通じて、保護者との相互理解を図るように努めること」とある。そして、「保育所保育指針解説」には、「相互理解を深めるために、個々の家庭の状況を把握した上で、思いを受け止める。日々の保育の意図を分かりやすく伝え、保護者の疑問や要望には、誠実な対応をする。きめ細やかな情報交換を行い、子どもへの愛情や成長を喜ぶ気持ちを伝え合うことが必要である」と書かれている。そのための手段や機会は、第 1 節の先述の通り、送迎時や保育連絡帳のやり取り、保護者へのお便り、園行事、家庭訪問・個人面談などである。

► 2　保護者の養育力の向上を支える

　「保育所保育指針」＜平成 29 年告示＞第 4 章子育て支援、2 保育所を利用している保護者に対する子育て支援、（1）保護者との相互理解、イには、「保育の活動に対する保護者の積極的な参加は、保護者の子育てを自ら実践する力の向上に寄与することから、これを促すこと」とある。日々の保育の中で、専門的な視点を持ち、子どもの生活、遊びを通して

発達を把握している保育士が保護者とともに様々な保育の活動に取り組むことは、相互に理解を深めていくために重要な機会である。さらに、こうした機会によって、保護者が子どもの世界の理解や発達の見通しを持つことができ、保護者が子どもを養育する力の向上を支援することにつながっていく。

▶3 パートナーシップを重視する

保育所で日常的に繰り返される保育士と保護者のコミュニケーションの中で、互いに理解を深めていくことが大切である。そうした中で、保育士は、子どもの最善の利益を念頭に置き、信頼関係の構築を目指すことが求められている。信じて頼りにすると書く「信頼」を構築するためには、保育所の特性や保育士の専門性を生かしながら、一人ひとりに応じた丁寧な関わりや働きかけの積み重ねが必要となる。そして、保育士が保護者にとって、ともに子どもを育てる信頼できるパートナーとしての役割を果たせることが望ましい。

▶4 保育士の自己理解

保育士が子育てのパートナーとして、保護者に信頼されるためには保育士自身の「自己理解」が求められる。日常的な様々な機会や手段を用い、相互理解を深めていくにあたっては、保育士自身が自分の性格や価値観を知った上で、保護者と向き合うことが必要である。人が人と関わる中では様々な感情が沸き起こり、怒りや悲しみなどの負の感情が起こってくることもある。保育の専門家として保護者と出会い、関わる中で自分自身の心の動きや葛藤を捉えた上で、それらを自らコントロールして、相互理解に繋げていくことが求められる。保護者との信頼関係の構築には、保育士としての専門知識、技術に加えて、自分自身の性格や価値観、行動・感情などの在り方が関わってくることをよく自覚して、様々な機会や研修を通して、自己理解を深めていくことが必要である。

第3節 »»» 悩みを抱える保護者への対応

► 1　事例：登園しぶりがある女児

　M子ちゃんの送迎は主に母親で、年長になり、朝、園に行きたくないと言って、母親を困らせているとのことであった。スムーズにクラス活動に入っていけるよう、保育士が母子の様子をよくみながら登園時、声をかけていた。日中は、友達ともよく関わり、園での活動をM子ちゃんなりに楽しんでいる姿がみられた。母親から、保育士への相談希望があり、時間を取って面談することとなった。担当保育士は、M子ちゃんの言語面がよく発達していて、園での活動に問題がないことを母親に伝えた。母親の話を聞く中で、夫婦の問題から家庭内の状況があまり落ち着かず、M子ちゃんにつらい思いをさせているかもしれないと涙を流し、小学校で不登校になるかもしれないと、来春の就学への不安も語った。夫婦間の問題などが相談できる女性相談を設けている保健センターを紹介した。そして、近づいている就学時健診での相談をすすめ、園からも入学予定の小学校へ引き継ぎの際には、状況を伝えることについて了承を得た。一人で悩んでいた母親の表情が明るくなった。

　子どもが育てられる場である家族間の中で起こる問題は、子どもの心身の状態と常に深く関わっている。このため、保育士が行う子育て支援において、家族関係は重要なテーマである。家族間で起こっている問題への対処や決断の中で生じてくる不安やしんどさに共感しながら、保護者を支えていくことが求められる。そして、悩みや状況に合わせて、相談できる窓口や機関などと連携していくことも大切である。他の専門機関、専門職とともに、一つのチームとなり、子どもを育てている家族を支えていくことが大切である。

▶ 2 事例：母親のメンタルヘルス

　年子の姉妹の母親は、もともと人付き合いが得意な方ではない雰囲気があり、保育士や他の保護者と気軽に話をすることはあまりなかった。送迎時には、姉妹を感情的に叱る場面がたびたびあった。保育士は、母親の様子を常に気にかけて、母親をねぎらったり、励ましたりする声かけをするようにしていた。そうした中、保育士との個別面談で、母親から自分自身の相談があった。保育士が母親の話を丁寧に聞く中で、自分自身の性格、また幼少時より親との折り合いが悪く、現在も親子関係に悩んでいることが語られ、うつ状態を繰り返していることが打ち明けられた。心療内科を継続して受診しているが、服薬のみであったため、園の心理士に母親のカウンセリングが可能であることを保育士から伝えた。また市の育児支援サービスやファミリーサポートの制度についても、利用方法を説明した。そして、母親の心理カウンセリングが定期的に行われ、保育士から姉妹の園での成長、発達が伝えられる中で、母親の前向きな発言が聞かれるようになった。

　少子化や核家族化の中で、家庭における子育ての負担が増大している。また、親と子どもの関係は、とてもデリケートに響き合うものであり、親自身の成育歴の中で抱えている心理的な課題や悩みが、子育てに大きな影響を与える。子どもの日々の成長を保育者として支えながら、保護者の悩みやしんどさに寄り添うことが求められる。

▶ 3 子ども・家族を支える保育士の役割

　「保育所保育指針」＜平成29年告示＞第4章子育て支援、1保育所における子育て支援に関する基本的事項、（1）保育所の特性を生かした子育て支援、アには、「保護者に対する子育て支援を行う際には、各地域や家庭の実態等を踏まえるとともに、保護者の気持ちを受け止め、相互の信頼関係を基本に、保護者の自己決定を尊重すること」とある。イに

は、「保育及び子育てに関する知識や技術など、保育士等の専門性や、子どもが常に存在する環境など、保育所の特性を生かし、保護者が子どもの成長に気付き子育ての喜びを感じられるように努めること」とある。

　保育者は、日々の保育の中で、子どもの最善の利益を念頭に置き、保護者と日常的な関係の積み重ねの中で信頼関係を構築していくことが大切である。そして、この信頼関係を基盤として、保護者が抱える子育ての悩みや葛藤に触れていくこととなる。この時、保護者のありのままの気持ちを受け止め、保護者自らが選択したり、決定したりできる支援が大切となる。保育士は、子ども達が毎日を積み重ねて成長、発達していく姿をともに喜び合える関係を保護者と築き、信頼される子育てのパートナーとなることが求められている。そして、保護者が子育てに悩みながらも前向きな気持ちを持って、日々の歩みを進めていくことを支えていくことが子ども・家族を支える保育士が果たすべき重要な役割の一つである。

▶４　子ども・家族を支える保育所の役割

　「保育所保育指針」＜平成29年告示＞第４章子育て支援、１保育所における子育て支援に関する基本的事項、(2)子育て支援に関して留意すべき事項、アには、「保護者に対する子育て支援における地域の関係機関等との連携及び協働を図り、保育所全体の体制構築に努めること」とある。イには、「子どもの利益に反しない限りにおいて、保護者や子どものプライバシーを保護し、知り得た事柄の秘密を保持すること」とある。

　子育て家庭との日常的な関係の中で、保護者に寄り添い、子育て支援を行っていく保育士の役割に加えて、他の専門職・専門機関との連携も大切なことである。社会状況の目まぐるしい変化やライフスタイルの多様化等により、子育て家庭が抱える悩みが複雑化・深刻化している中で、医療・福祉・教育等の他分野との連携が必要である。そして、この連携、

協働のためには、他機関との情報の交換や共有を進めていくことである。しかし、保育士と保護者との積み重ねられた信頼関係の中で出てきた秘密性、個別性の高い事柄については、秘密保持に留意し、その扱いには細心の注意が必要である。保護者との信頼関係を保ちながら、実りのある他機関との連携、協働のためには、園長をはじめとして保育所組織全体で取り組むことが求められる。

【引用・参考文献】

厚生労働省編『保育所保育指針解説書』フレーベル館、2018年

長島和代・石丸るみ・前原寛・鈴木彬子・山内陽子『日常の保育を基盤とした子育て支援——子どもの最善の利益を護るために』萌文書林、2018年

西本絹子、藤崎眞知代『臨床発達支援の専門性（講座・臨床発達心理学）』ミネルヴァ書房、2018年

西尾祐吾監修、立花直樹、安田誠人、波田埜英治編著『保育の質を高める相談援助・相談支援』晃洋書房、2015年

（谷 真弓）

第4章

子育て支援事業と支援環境

第1節 »»» 子育て支援事業に関する背景

　少子化の影響から子育て家庭の孤立化が問題となっている。特に、日本では、3歳未満児の約6〜7割は家庭で子育てをしており、孤立化、保護者の育児の不安感、負担感が深刻といえる。また、子どもにとっても多様な大人や子ども同士の交流の場が身近にあるとは言い難い。このような状況を鑑み、2012年に「子ども・子育て支援法」が施行された。その中心事業が「地域子育て支援拠点事業」である。その中では、3歳未満児の在宅子育て家庭への支援の重要性や地域の実情に応じた子ども・子育て支援の展開と充実として利用者支援事業、地域子育て支援拠

図表 3-1　子育て支援事業

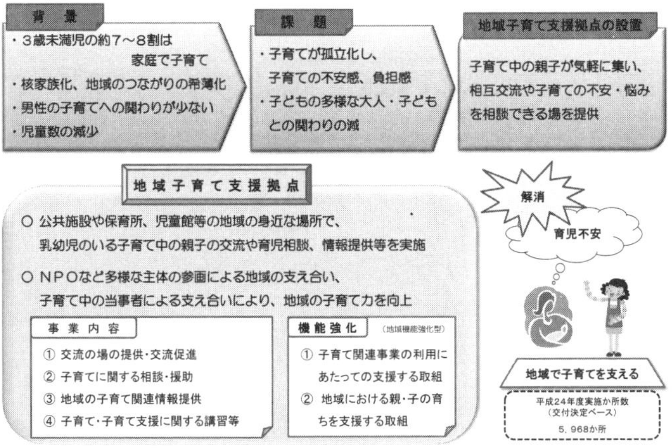

出典：厚生労働省「地域子育て支援拠点事業とは」

点事業、放課後児童クラブなどの地域子ども・子育て支援事業と仕事・子育て両立支援事業が創設されている。(**図表3-1**)

　地域子育て支援拠点事業は、既存の保育施設のほか、地域での身近な場所で子育て支援を行うことが想定されている。先ほども述べたように、3歳未満児の過半数が家庭で子育てをしており、さらに現代社会においては近隣の家庭と疎遠である。このようなことから、身近に「気軽に親子が立ち寄れる」、「いつでも悩みや不安を相談できる」、「子育て家庭と交流できる」を目的として設置している。

　従来は「ひろば型」、「センター型」に分かれていたが、新制度では「一般型」に、「児童館型」を「連携型」へと再編した。どの支援拠点においても、そのねらいは「子育て中の親子が気軽に集い、相互交流や子育ての不安・悩みを相談できる場を提供」することである。それぞれの特徴を述べていく。

　一般型は「常設の地域の子育て拠点を設け、地域の子育て支援機能の充実を図る取り組みを実施」するものとし、連携型は「児童福祉施設等多様な子育て支援に関する施設に親子が集う場所を設け、子育て支援のための取り組みを実施」するとされている。そこで行われる事業は共に、①子育て親子の交流の場の提供と交流の促進、②子育て等に関する相談、援助の実施、③地域の子育て支援関連情報の提供、④子育て及び子育て支援に関する講習等の実施が挙げられている。

　2つの機能の違いであるが、一般型はこれらの内容を常設の場にて子育て親子が集まって、話したり子どもを遊ばせながら互いに関わったりするなかで、交流する形をとるものである。その実施は2名以上の子育て支援に意欲的かつ子育てに関する知識、経験を持つ人によって一日5時間以上行われ、保育所や公共施設の空きスペースを含め、民間スペースも活用される。

　一方、連携型は同様の内容について、1名以上の子育て支援に意欲的かつ子育てに関する知識、経験を持つ人と児童福祉施設等の職員が協力

して一日 3 時間以上、児童館を含む児童福祉施設で行われるものである。

　また新たに創設された地域機能強化型は、これら従来の機能別支援に加え、さらに「利用者支援」と「地域支援」を強化したものである。「利用者支援」では、子育て家庭が子育て支援の給付・事業のなかから適切な選択ができるよう情報の集約・提供などを実施し、子ども・子育て支援新制度の円滑な施行を図ることをねらいとしている。「地域支援」では、世代間交流や訪問支援、地域ボランティアとの協働などを実施し、地域での子育て支援事業の基盤の構築・再生などがねらいとされている。「地域機能強化型」の従事者は、育児・保育等についての相当の知識・経験を有し、地域の子育て事情や社会資源に精通する者 2 名以上となっており、その実施場所は、公共施設、保育所などの児童福祉施設等で地域社会に密着した場所で実施することとなっている。支援員に関しては、その質の確保のために専門性が強化されることが求められると同時に、世代間交流のボランティアの支援も必要とされている。

第2節 »»» ひろば型における支援と役割

▶ 1　子育てひろばの展開と子育て支援

　一般型および連携型に共通として多い形態である。ここでは、このひろば（親子が集まる場所を提供する子育てひろ）の機能、役割について言及していく。

　1992 年には東京都武蔵野市において、日本初となる未就園児とその親を対象とした子育て支援施設「子育て広場 0123 吉祥寺」が発足した。この施設の大きな特徴は「自由に、なにを、いつまでもしてもいい」という理念である（柏木・森下、1997）。これは、各家庭個別の利用したい時、利用したい内容に依ることが大きい。

　以上のような利用者の主体的な活用を提供とする試みは、カナダで展開されている「ドロップイン・センター」や「ファミリー・リソース・センター」を参考にしている。これらの理念は「利用者のエンパワメントあるいはレジリエンス」を目指しており、従来のサービスを提供していくという福祉策とは一線を画している。「ドロップイン・センター」は、ドロップイン（drop-in）のもともとの意味である「ぶらりと立ち寄る場所」である。部屋の中はいくつかのコーナーに仕切られており、コーナーごとに色々な遊具が置かれてあり、親と養育者（ベビーシッターなど）が、子ども達とぶらりと気軽に立ち寄ることができる居場所となっている。さらに、親子のニーズにあった様々なプログラムが用意されており、月ごとの予定が組まれている。

　日本においても、先述した「子育て広場0123吉祥寺」の開設以降、さまざまな自治体やNPO法人が子育て支援施設を開設していった。どの施設においても、「常設」にこだわった点が挙げられる。その理由は、「自分がいつ・どのように拠点で過ごすかを自己決定できるという環境が保護者のエンパワメント（保護者自身が持っている力を引き出すこと）やレジリエンス（困難から回復する力）を高めていく」ことだと考えられるからである（今井・伊藤、2016）。現在では、全国平均0～4歳人口1,000人当たり1.4か所の割合で存在している（厚生労働省、2017）。

▶ 2　ひろばの役割と支援者の留意点

(1) 過ごしやすい環境の提供

　親子ともに安心して過ごせるような環境づくりは最低条件といえよう。まず、子どもが安全で遊べる環境づくり、その発達に合わせたおもちゃの選出や空間のレイアウトも必要になる。おもちゃに関しては、家でも親がすぐに取り入れるようなものを配置しておくことが大事であろう。さらに、子どもや親がその遊び方がわかるような工夫、子どもが自ら遊びだすような展示の仕方が必要である。

(2) 親同士をつなげる

ひろばに来る目的の一つとして、親子双方の友だちづくりがある。初めて来た親子にとって、すぐに友だちができるようにすることは難しい。まず、保育士（スタッフ）と保護者が信頼関係を築くことである。この保育士がいるから、安心、また来たいと思うようになることが必要である。そこから、保護者同士をつなげるようにする。育児仲間ができることにより、保護者同士を支えあうことができることとなる。そのためにも、保護者の性格を踏まえることは重要である。例えば、消極的な母親や対人関係が苦手である母親に無理強いすることがないようにしなければならない。受容する姿勢や共感の態度をもち、配慮しながら接していくことが重要である。お互いがつながりやすいように、協力しながら交流できるような企画をすることも有効である。

(3) 親をエンパワメントする

日々の慣れない育児や孤立感から、育児中の親は無力感があることが多い。親が自分自身のストレングス（長所・強み）に気づければ、その力を発揮でき、自分なりの育児を愉しむことができる。保育士はその母親のストレングスを発見し、本人に伝えることによってエンパワーすることが可能である。そのためには、行事等の企画も必要な場合もある。例えば、外国籍の母親は特に孤立化しやすい。そこで、園のおたよりの母国語への翻訳や母国の文化を紹介する催しをすることによって、他の親ともつながりやすくなると同時に、子どもには多文化共生の機会を与えることになる。

(4) 子どもとの関わり方の見本の提示

子どもとの関わり方も母親が自ら取り入れたいと思えるような関わり方をしていく。身近に育児のモデルがいない母親にとって、保育士と子どもとの関わりがよいモデルとなる。乳児期ではその欲求を読み取り言葉をかける、幼児期では自尊心を育むような言葉がけ、発達を促す遊びなど、子どもの成長に即した対応と判断が求められる。身近に相談やお

手本にする人がいない現在、保育士の見本が母親にとって心強い育児モデルとなるであろう。

(5) 子育て情報の提供

ひろばではさまざまな内容の情報の提供を掲示板、ファイル等で利用者が見やすいように設置しておく。情報が、親同士の交流のきっかけとなることもあるため、見やすく、手に取れるよう工夫することが望ましい。

(6) 子どもを見る目を育てる

初めての子や一人っ子の場合、育児書に書いてあることと少しでも違うと不安になったりする。子どもの個性や性格を知ること、そしてどの子も通る共通の発達の道を知ることができる。

(7) 相談に応じる

保育所に通所している場合であると、子どもの気になることや発達に関しては保育士に相談できるが、在宅ではそのような相手を見つけるのは難しい。そこで、気軽に相談に応じられる相手としてひろばのスタッフが挙げられる。話をよく聴く、受容することをしていくうちに話がひろがっていく。深刻な悩みや不安は最初から相談はしないだろうが、だんだん心を開いていくうちにそのような相談にも発展する可能性もある。問題が重篤なケースは、適切な機関との連携も必要になってくるであろう。

(8) 子ども同士の交流

子どもの社会性を育むためにも、子ども同士の関わりが必要である。現在は、少子化によりきょうだい数も少ないため、子ども同士が過ごす時間が少ない。そこで、ひろばで日常的に子どもと知り合うこと、子ども同士で関わりあうことが重要である。お互いを観察しながら自らの遊びを発展させたり、共同で遊び始めたりもする。おもちゃの取り合いなどの、ちょっとしたケンカも子どもにとっては社会性を育むためにも重要な機会である。大人との人間関係だけでなく、同年齢の子どもとつな

がることは子どもの発達にとって必要である。

第**3**節 »»» 地域子育て支援事業同士の連携

▶ 1　子育て支援事業の情報の提供

　地域子育て支援事業は全国で展開されている。利用者は手軽に行け、自身の目的に沿った内容を求めている。このような利用者の立場になり、それぞれの子育て支援事業を運営する主体は、お互いを紹介できるようにそのサービスや内容の情報交換する必要性がある。さらに、子育て中の保護者は保育施設、医療機関の情報を欲しがっていることから、支援者はそれらの情報についても把握しているとよい。子育て支援事業だけではなく、福祉サービスとも連携していくことは必要であろう。適切なサービスが本人に届くためにも、多様な支援との連携は必須である。

▶ 2　子育て支援事業の内容を発信する

　支援事業を展開する運営主体は定期的に、その事業内容をウェブサイトやフリーペーパー、さらには SNS 等を用いて発信している。こうすることによって、利用者は自分のニーズとどの事業とがマッチングするかが把握しやすい。さらに、お互いの事業の内容がわかることにより、利用者をつなげていくことも可能となる。

第**4**節 »»» これからの地域子育て支援事業

　現代社会は地域社会との地縁が薄くなってきている。そのような状況を打破するためにも、1970 年代から地域子育てが展開され、現在の地

40

域子育て支援事業に再編成された。子どもが成長していく際に生じる新たなニーズに対応していく必要性があるだろう。子育て支援事業がその地域の中心的役割となり、地域民のニーズを把握していき子育ての当事者、しいてはその地域に住んでいる人々のQOL（Quality of life 生活の質）を高めていくような拠点となっていくことが望まれよう。

【引用・参考文献】

今井昭仁・伊藤篤「神戸市の大学等が運営する地域子育て支援拠点事業の利用と展望」神戸大学大学院人間発達環境学研究科研究紀要　第10巻　第2号、2017年 pp.135-140

子育て支援者コンピテンシー研究会編著『育つ・つながる子育て支援―具体的な技術・態度を身に付ける32のリスト―』チャイルド社、2009年

（田村知栄子）

第5章
子育て家庭の相談面接

第1節 »»» ソーシャルワークとその発展

▶ 1　ソーシャルワークとは

　福祉という言葉を辞書で引くと、幸福と同義であることが判る。ソーシャルワークは和訳して社会福祉援助技術と言われる。即ち社会に住む我々生活者を支援して、幸福の度合いのレベルアップを図る多様な活動のことをソーシャルワークと呼ぶ。国際ソーシャルワーカー連盟（IFSW）は、ソーシャルワークを次のように定義している。「ソーシャルワーク専門職は、人間の福利（ウェルビーイング）の増進を目指して、社会の変革を進め人間関係における問題解決を図り、人びとのエンパワメントと解放を促す。ソーシャルワークは、人間の行動と社会システムに関する理論を利用し、人々がその環境と相互に影響し合う接点に介入する。人権と社会正義の原理は、ソーシャルワークの拠り所とする基盤である」（IFSW日本国調整団体が2001年1月26日に決定した定訳より）。

　ソーシャルワーカーの先駆者と呼ばれるメアリー・リッチモンド（1861～1928）は、自著『貧困者への友愛訪問』で、貧困者の家庭の喜びや悲しみ・意見・感情、人生全体に対する考え方に共感できるように本人の周辺を知ること＝友愛訪問が大切と説いた。これがソーシャル・ケースワーク＝「人間と社会環境との間を個別に、意識的に調整すること」として発展した。

▶ 2 ソーシャルワークと子育て

　生活者の幸福度を上昇させるあらゆる活動で、例えば、在宅高齢者を対象にした福祉を考えるならばデイサービスやショートステイサービス、ホームヘルプサービス等を想像するだろう。子育て支援の分野であれば、より専門的な相談機関の設置や高機能化が求められている。子育ての問題は、DV（ドメスティックバイオレンス）や親の離婚の問題、経済的貧困と養育の困難、親のうつ病等の心の不調、児童虐待等、保護者自身の家庭や生活に関係するものが増え、その範囲が広くなっている。だからこそ、親が子育て上の様々な悩みを打ち明け専門家とコミュニケーションをとれ、早期の問題解決を図れるような相談機関・機能の社会的意義が高まっている。問題が多様化・複雑化すると、法律や経済の制度に関する知識等も関わるようになり、より全体的視座からアドバイスできる人材の育成も社会的に重要な課題になっている。

第2節 »»» 相談面接の基本的態度

▶ 1 傾聴・受容・共感の重要性

　保育士や幼稚園、又より専門的な相談機関などで子育ての相談面接に当たる場合、常に磨くことが求められているのが相談面接技術である。子育てとそれをとりまく生活上の悩みを持つ保護者が相談に来るので、傾聴することが最も大切である。傾聴とは、相談に来た人が話したいことや伝えたいことを受容的・共感的な態度で真摯に聴く姿勢である。

　相談に来た人に対し、共感を示しつつ悩みをすべて語ってもらえるように寄り添うことは、問題発見・整理につながるため重要となる。傾聴を心がけることで相談を受ける人も相手への理解を深められる。援助者

も相談者への理解を深められ、相互に信頼しながら、納得のいく判断や結論に到達できるようになる。これが傾聴のねらいである。看護や介護、保育等の援助と違い、相談面接という支援は、相談者の辛さや悩みに寄り添うケースワークの直接援助である。だからこそ、相談する保護者の「隠れたニーズ」に着目し、声なき声に耳をすまし、相手の思いを引き出し、相手の思いをしっかりと受け取り共感する相談面接の技術を高める努力をする必要がある。

▶ 2　相談面接の傾聴のポイント

傾聴には、以下の五つのポイントがある。

①相づちをうつ、うなずく、表情で応える

「肯定的に聴いてくれている、そういう姿勢がある」と感じさせることが大切で、これだけで相談者の安心感が高まる。

②相手の言葉を繰り返す

例えば「夫の子育てへの協力方針に不満がある」といった際に「あぁ、不満があるんですね」とそのまま繰り返すだけで、相談者は満足し安心する。受容と共感が大切である。

③相手の話した内容を要約して繰り返す

相手の話が長い時に意図的に要約し、「○○ということなんですよね」と返す。これにより、問題をより明確にすることができる。

④適切な質問を入れて話を引き出す

自ら話したことに基づき更に質問されることで、援助者の関心、受容・共感的姿勢を得られたと安心する。それが両者の信頼感に繋がり、相談者は自発的にさらなる発言を進んで行うようになる。質問を挟みながらコミュニケーションをとることで、話の全体像がどうなっているのか、話し手及び聞き手の双方にとっての整理にも役立つ。

⑤遮らない、話の腰を折らない、批判をしない、意見を言わない

たとえ相談者の話に異なる考え方や反対意見があっても、援助者はま

ずは相手の話を傾聴することが大切である。相手が話を自ら語り、それ
をもとにより良き方向を一緒に考えることが解決の早道である。まずは
相談者に悩みを出させるコミュニケーション（Communication）、それを
受容して共感するコンセンサス（Consensus）、そして問題解決策を共に
編み出して行くコラボレーション（Collaboration）の3Cのプロセスを
しっかりと行うことが相談面接技術のポイントである。

第3節 »»» ケースワークとバイステックの7原則

► 1 ケースワーク

　ソーシャルワークでは、困難な課題や問題をもつ生活者が主体的に幸
福な生活ができるように、当該者やその家族へ個別に援助することを
ケースワークと呼ぶ。ケースワークは個別のケースの援助技術の履行を
いうので、時には個別相談技術とも和訳される。ケースワーカーはこの
個別相談にあたり援助する専門職をさす。

► 2 バイステックの7原則

　アメリカの社会福祉学者であるフェリックス・P・バイステック
（Felix P.Biestek）が、1957年に著書『ケースワークの原則』で提唱した
ケースワークの原則である。バイステックの7原則は現在、国際的に
ケースワークの基本的技法として高く認識されている。前述の傾聴の姿
勢と共に、相談面接技術の要点として理解しておきたい。

①個別化の原則

　相談者の抱える困難や問題は、どれだけ似たようなものであっても、
人それぞれの問題であり、「同じ問題（ケース）はふたつと存在しない」
とする原則である。相談を受ける者が、困難や問題を一般化、共通化し

て解決に導く傾向に対する一種の警告でもある。同じような病気、障害
でも、それを持つ当該相談者や家族の受け止め方や生き方はそれぞれで
ある。過去の事例を参考にすることもあるが、個々の問題に同じものは
ない。

②意図的な感情表出の原則

　相談者の感情表現の自由を認める原則である。ケースワークでは、楽
しい気持ちだけでなく、怒りや悲しみ等の気持ちをありのまま表現する
ことが大切である。そうした抑圧されやすい否定的な感情などを包み隠
さず、表出させることで相談者が落ち着きを取り戻せるようになる。ま
た、意図的に感情を表出させることで、相談者自身が自らをとりまく外
的・内心的な状況を把握しやすくさせることも大切である。

③統制された情緒的関与の原則

　相談にのる人自身が、相談しに来た人の感情に呑み込まれないように
することである。相談者の悩みに対して、解決に導くためには、援助者
がより客観的な視点で相談者の心情を理解し、自らの感情を統制して接
していく。受容と共感の姿勢を示すことが大切であるが、相手と同じ渦
の中へ入ってしまわないことである。例えば、境遇や性質が似る相談者
へ過度な肩入れをするケースが頻繁にある。相談にのる方が客観性を
失っては、良い問題解決に向かわない。

④受容の原則

　相談者の考えや発言はその人の人生の経験や思考から来るものである。
考えや発言は、相談者自身の「個性」の表象でもある。それゆえ決して
頭から相談者を否定せず、どうしてそういう考え方に至るのかを理解す
る姿勢が大切であるとバイステックは説いている。相談者の中には聴き
手側が受け入れにくい考えを示す、また行動をする場合が頻繁にある。
しかし、それらには必ず意味がある。その意味を知るためには、先ずは
一旦受け入れその行動等の背景を理解していく。

⑤非審判的態度の原則

　道徳感情や価値観は人それぞれである。価値観を押し付けるようでは信頼関係を作ることが難しくなる。相手の文化や状況を良い悪いで判断するのではなく、理解しようとする姿勢こそ面接相談の第一義である。

　それゆえ、聴き手が善悪を判じないことが大切である。人間は、基本的に当初から自らを否定するものは信用をしない特性を持つ。ゆえに受容の観点から非審判的態度が大切である。また、聴き手は相談者の補佐的役割であるべきとバイステックは説いている。相談者自身が自らのケースを解決できるように支援していく。

⑥自己決定の原則

　あくまでも自らの行動を決定するのは相談者側であることを忘れないようにする原則である。問題に対する解決の主体は相談者自身であり、相談者の成長と今後起こりうる同じケースでの自らの問題解決を支える姿勢が大切である。悩みを抱える相談者が、自身の決断で道を切り開くために、自己決定できるように支援を行うことが大切である。

⑦秘密保持の原則

　相談者の個人情報、プライバシーを絶対に他へもらしてはならないとする考え方である。これは近年日本でも注視されている個人情報保護の重要性をいち早く説いたものである。対人援助職は通常プライベートな情報を知ることが多い。法律的な部分はもちろんであるが、倫理的にも守秘義務が課せられる。インターネットの社会であることも前提に、不用意に情報を漏らさないように普段から心がけておきたい。気軽に利用できる SNS への投稿が、相談者に想像もしない害を及ぼす可能性も否定はできない世の中である。情報の管理にも気をつけたい。

第4節 »»» 日常的な子育て相談とその他の相談機能

▶ 1　日常的な子育て相談

　相談業務では、子育て家庭の問題を解決することが主眼となる。子育て家庭の相談者（主に保護者）が出す、助けてほしいというサインに傾聴し、受容、共感することが大切である。地域には相談にのる施設や機関がたくさん存在する。民生委員、児童委員、幼稚園や保育所のような保育施設、子育て支援センター、ファミリーサポートセンター、社会福祉協議会まで、私的なものから公的色の強いものまで実に様々である。相談者の話を聴く姿勢は、主としてバイステックの7原則にあげた通りである。しかし、こうした地域内の相談機関の連絡体制、協働の体制が整備されているとは言い難く、相互にどのような内容で相談を受けているのかもよく知らない場合が多い。問題は支援機関がつながりを持たずに、時に相談者への応答が異なり、相談者側を迷わせることが多い状況である。DV（ドメスティックバイオレンス）や親の離婚の問題、経済的貧困と養育の困難、親のうつ病等の心の不調、児童虐待等、保護者自身の家庭や生活にまで、相談内容の範囲が広い。地域内では、各分野、専門性により相談機関の役割分担に関する合意を予めして、適切な相談機関を相互に紹介することも大切である。また、病院の電子カルテのように相談内容を電子的に厳重管理して、必要な機関がインターネット上で共有、閲覧出来るようにし解決を迅速に出来るようにすることも今後必要である。

▶ 2　その他の相談機能

（1）虐待等による生命の危機が疑われるケース

　児童虐待のような緊急時の子育て相談は、全国共通の電話番号

「189」（いちはやく）が用意されている。特に、児童虐待が人権侵害として重要な社会的問題になりつつあり、子どもの心身の発達や人格の形成に重大な影響を及ぼすことから、虐待を疑うような場面に遭遇した時に迷わず電話で連絡できるような体制が全国的に整備されている。189に電話をかけると近くの児童相談所につながる。

(2) 子どもの病気等の場合

子どもの病気が疑われる時、誤飲等の緊急対象を要する事故の際には小児科医師・看護師から子どもの症状に応じた適切な対処の仕方や受診する病院等のアドバイスをうけられるようになっている。小児救急電話相談というシステムで、全国同一の短縮番号#8000を電話機でプッシュすると、住んでいる都道府県の窓口に自動転送され、アドバイスを受けられる。また各地域では子育て緊急サポートの体制が整えられている。

他にも、地方自治体の子育て支援部署、子育て支援センター、児童館、公民館、発達相談窓口、発達支援センターと市町村等の地方自治体が運営する相談窓口が各地域に存在する。これらは子育てを広くサポートする公的な存在で、通常無料で利用できる。公的機関のため安心感がある。

バイステックの7原則にある個別化の原則にもあるが、子育ての相談内容は一般化するのは難しい。つまり人工知能（AI）が普及しても、多くの事例を学習してコンピュータが問題解決の答えを出すのは困難な分野である。要は、人間の面接相談業務の遂行能力が重要となる。

【引用・参考文献】

F.P.バイステック、田代不二男・村越芳男訳『ケースワークの原則：よりよき援助を与えるために』誠信書房、1965年

ブレンダ・デュボワ・カーラ・K・マイリー、北島英治監訳、上田洋介訳『ソーシャルワーク：人々をエンパワメントする専門職』明石書店、2017年

（西山敏樹）

第**1**節 »»» 支援計画とは

▶ 1 子どもの権利保障と支援計画

　専門職が行う支援とは、児童家庭福祉における様々な問題に対し、専門的な知識や技術を駆使しながら、様々な専門職と連携して、支援にあたることをいう。児童が保護され、施設に入所してきた際は、必ず個別支援計画を立案する。これをもとに、担当職員は、専門的な支援を計画的に実施するのである。子どもの支援計画を立てる際は、個々の子どもの状況に合わせて、子ども、家庭、地域社会の側面から情報を収集し、ニーズを分析し、評価していく必要がある。また、支援計画が適切な支援内容となっているのかどうか、多角的な視点をもち、子ども達のもつ権利の視点をキーワードとし、検証していくことが大切である。

　権利の視点とは、第一に、児童福祉法第一条であり「全ての児童が適切に養育され、生活が保障され、愛され、保護されること、その心身の健やかな成長及び発達並びにその自立が図られることその他の福祉を等しく保障される権利を有する」ということである。第二に、児童福祉法第二条、「全て国民は、児童が良好な環境において生まれ、かつ、社会のあらゆる分野において、児童の年齢及び発達の程度に応じて、その意見が尊重され、その最善の利益が優先して考慮され、心身ともに健やかに育成されるよう努めなければならない」ということである。

　これらの視点を大切にしながら、子どもの最善の利益となっているか

を常に考え、状況に変化が生じた際は、速やかに変更するなど、柔軟性をもって対応する必要がある。

▶ 2 情報収集とアセスメント

(1) インテーク（受理面接）

インテークとは、問題を抱えている利用者が問題解決のために相談機関の専門職へ相談し、必要であれば、援助が開始される段階のことをいう。生活場面面接が多く活用され、限られた時間と空間を活用して相談援助が行われることがある。利用者が安心して話ができるように、雰囲気づくり、環境づくりに配慮して行われる必要がある。インテークは、利用者と援助者がはじめて出会う援助のスタート地点でもある。そのためこの段階で最も大切にしなければならないのが、信頼関係（ラポール）の形成である。今後お互い良好な援助関係のもと協力して支援を進めていくためにも、ここでは信頼関係（ラポール）の形成を目指すことが第一優先として考えられるべきである。

(2) アセスメント（実態把握・評価）

アセスメントとは生活課題や問題がどのような理由で発生するのか、その実態を把握し、事前に評価することである。問題発生の状況を客観的に明らかにし、ニーズを明確にする局面でもあるため、多角的な視点から情報収集をし、分析を行う必要がある。

アセスメントは、利用者の抱える問題を面接を通して聞き取りを行い、利用者の置かれている状況を判断し、援助が必要な部分では利用者自身の力量がどの程度あるのか、どのような支援が必要なのか、また、社会資源は何を活用することができるのかなどを整理し、支援の必要性を両者で確認していくのである。

アセスメントで集める情報の範囲は、①家族に関する情報、②相談や利用等関係機関に関する情報、③地域・近隣との関係に関する情報などである。情報は、本人からも集めるし、家族や関係者からも事情を聞き

幅広く集める。多面的な情報をもとに、利用者が求めているニーズが何かを特定し、問題の確定を行っていく。アセスメントで大切なことは、利用者の長所・強みを活かした「ストレングスの視点」である。支援を通して利用者は自信をつけ本来の力を発揮できるようにエンパワメントしながら支援をしていくとよい。

第2節 »»» 支援計画の立案

▶1　支援計画の目標

　支援計画の立案は、プランニングともいう。アセスメントの内容をもとに、支援目標を立て、これを具体的に実施するための支援計画を立てることである。

▶2　支援計画策定の方法

　支援計画の策定の際は、支援目標をもとに具体的な支援計画を立てることである。例えば図表6-1は、児童養護施設における児童自立支援計画票の書式・記入例である。児童養護施設では、入所の際に児童相談所による社会診断等の結果や援助指針が記載された資料（児童票）をもとに、施設において預かった子どもがどのように支援されていくのかを子ども一人ひとりに応じて児童自立支援計画を作成することが義務づけられている。

　計画を進めていくうちに、取り組みが上手くいかなかったり、適切に支援できなかった場合は、計画を修正する必要がある。その場合は、本人の状況や意見を再度確認し直し、複数の専門職に意見を聞き、計画の中に取り入れる等の工夫を凝らしながら作成する。ここで大切にしたい点は、子どもの権利擁護、子どもの最善の利益を守るという視点である。

図6-1　児童自立支援計画例

施設名	□□児童養護施設				作成者名		
フリガナ 子ども氏名	ミライ 未　来	コウタ 幸　太	性別	○男 　女	生年月日	○年　　○月　　○ 日　　（11歳）	
保護者氏名	ミライ 未　来	リョウ 良	続柄	実　父	作成年月日	×年　　×月　　× 日	
主たる問題	被虐待経験によるトラウマ・行動上の問題						
本　人　の　意　向	母が自分の間違いを認め、謝りたいといっていると聞いて、母に対する嫌な気持ちはもっているが、確かめてみてもいいという気持ちもある。　早く家庭復帰をし、出身学校に通いたい。						
保　護　者 の　　　意　　　向	母親としては、自分のこれまで行ってきた言動に対し、不適切なものであったことを認識し、改善しようと意欲がでてきており、息子に謝り、関係の回復・改善を臨んでいる。						
市町村・学校・保育所・職場　な　ど　の　意　見	出身学校としては、定期的な訪問などにより、家庭を含めて支援をしていきたい。						
児童相談所との協議内容	入所後の経過（3ヶ月間）をみると、本児も施設生活に適応し始めており、自分の問題性についても認識し、改善しようと取り組んでいる。母親も、児相の援助活動を積極的に受け入れ取り組んでおり、少しずつではあるが改善がみられるため、通信などを活用しつつ親子関係の調整を図る。						

【支援方針】　本児の行動上の問題の改善及びトラウマからの回復を図ると共に、父親の養育参加などによる母親の養育ストレスを軽減しつつ養育方法について体得できるよう指導を行い、その上で家族の再統合を図る。

第○回　支援計画の策定及び評価		次期検討時期：　△年　　△月

子 ど も 本 人

【長期目標】　盗みなどの問題性の改善及びトラウマからの回復

	支援上の課題	支　援　目　標	支援内容・方法	評価（内容・期日）
短期目標（優先的重点的課題）	被虐待体験やいじめられ体験により、人間に対する不信感や恐怖感が強い。	職員等との関係性を深め、人間に対する信頼感の獲得をめざす。トラウマ性の体験に起因する不信感や恐怖感の軽減を図る。	定期的に職員と一緒に取り組む作業などをつくり、関係性の構築を図る。心理療法における虐待体験の修正。	年　　月　　日
	自己イメージが低く、コミュニケーションがうまくとれず、対人ストレスが蓄積すると、行動上の問題を起こす	得意なスポーツ活動などを通して自己肯定感を育む。また、行動上の問題に至った心理的な状態の理解を促す。	少年野球チームの主力選手として活動する場を設ける。問題の発生時には認知や感情の丁寧な振り返りをする。	年　　月　　日
		他児に対して表現する機会を与え、対人コミュニケーション機能を高める。	グループ場面を活用し、声かけなど最上級生として他児への働きかけなどに取り組ませる。	年　　月　　日
	自分がどのような状況になると、行動上の問題が発生するのか、その力動が十分に認識できていない	自分の行動上の問題の発生過程について、認知や感情などの理解を深める。また、虐待経験との関連を理解する。	施設内での行動上の問題の発生場面状況について考えられるよう、丁寧にサポートする。	年　　月　　日

出典：厚生労働省

家 庭 （ 養 育 者 ・ 家 族 ）			
【長期目標】 母親と本児との関係性の改善を図ると共に、父親、母親との協働による養育機能の再生・強化を図る。また、母親が本児との関係でどのような心理状態になり、それが虐待の開始、及び悪化にどのように結びついたのかを理解できるようにする。			
支 援 上 の 課 題	支 援 目 標	支 援 内 容 ・ 方 法	評 価 （ 内 容 ・ 期 日 ）
母親の虐待行為に対する認識は深まりつつあるが、抑制技術を体得できていない。本児に対する認知や感情について十分に認識できていない。	自分の行動が子どもに与える（与えた）影響について理解し、虐待行為を回避・抑制のための技術を獲得する。本児の成育歴を振り返りながら、そのときの心理状態を理解する。そうした心理と虐待との関連を認識する。	児童相談所における個人面接の実施（月2回程度）	年　　　月　　　日
思春期の児童への養育技術（ペアレンティング）が十分に身に付いていない	思春期児童に対する養育技術を獲得する。	これまで継続してきたペアレンティング教室への参加（隔週）	年　　　月　　　日
父親の役割が重要であるが、指示させたことは行うもののその意識は十分ではない	キーパーソンとしての自覚を持たせ、家族調整や養育への参加意欲を高める。母親の心理状態に対する理解を深め、母親への心理的なサポーターとしての役割を取ることができる。	週末には可能な限り帰宅し、本人への面会や家庭における養育支援を行う。児童相談所での個人及び夫婦面接（月1回程度）。	年　　　月　　　日

※左端に縦書きで「短期目標（優先的重点的課題）」

地 域 （ 保 育 所 ・ 学 校 等 ）			
【長期目標】 定期的かつ必要に応じて支援できるネットワークの形成（学校、教育委員会、主任児童委員、訪問支援員、警察、民間団体、活動サークルなど）			
支 援 上 の 課 題	支 援 目 標	支 援 内 容 ・ 方 法	評 価 （ 内 容 ・ 期 日 ）
サークルなどへの参加はするようになるものの、近所とのつきあいなどはなかなかできず、孤立ぎみ	ネットワークによる支援により、つきあう範囲の拡充を図る	主任児童委員が開催しているスポーツサークルや学校のPTA活動への参加による地域との関係づくり	年　　　月　　　日
学校との関係性が希薄になりつつある。	出身学校の担任などと本人との関係性を維持、強化する。	定期的な通信や面会などにより、交流を図る	年　　　月　　　日

※左端に縦書きで「短期目標」

総 合			
【長期目標】 地域からのフォローアップが得られる体制のもとでの家族再統合もしくは家族機能の改善			
支 援 上 の 課 題	支 援 目 標	支 援 内 容 ・ 方 法	評 価 （ 内 容 ・ 期 日 ）
母親と本人との関係が悪く、母子関係の調整・改善が必要。再統合が可能かどうかを見極める必要あり。	母子関係に着目するとともに、父親・妹を含めた家族全体の調整を図る。	個々の達成目標を設け、適宜モニタリングしながら、その達成にむけた支援を行う。	年　　　月　　　日
		通信などを活用した本人と母親との関係調整を図る	年　　　月　　　日

※左端に縦書きで「短期目標」

【特記事項】　通信については開始する。面会については通信の状況をみつつ判断する。

出典：厚生労働省

計画の中に、反映されていなければ、再度見直すことが必要なのである。

第3節 »»» マッピング技法の活用

► 1　マッピング技法とは

アセスメント時に面接を通して得られた情報が、今後の援助方針を決める際の重要な情報となる。この時に得られた情報は、今後の援助方針を決めていく際に利用されるので、誰がみても理解できるように、きちんとした記録として整理されている必要がある。これらの記録を参考にしながら、利用者への今後の関わり方や援助方針等が決定されていくのである。

この記録を整理・視覚化していくのに、活用されるのがアセスメントツール（道具）であり、よく使われているのがマッピング技法である。マッピング技法は、複雑な情報を視覚的に図式化し、一目で情報が見渡せる。マッピング技法の代表的なものとして、ジェノグラム（家族関係図）とエコマップ（生態地図または社会関係地図ともいう）がある。これらは情報を整理し、記録をまとめる際に、効果のある技法である。

► 2　ジェノグラム

ジェノグラムは、家族の人間関係を図式化する。主に利用者とその家族が世代間において、どのような人間関係や行動様式を受け継ぎ、またその一族のエピソードがどのように影響し、家族のなかで受け継がれ繰り返されているのかなどを、行動パターンを見渡すためにも有効な見取り図で示すのである。図に記載する情報は、主に個々の死、誕生、結婚、年齢、性別、同居・別居の有無などの個人の情報から、双方の関係性などが追記されることが多い。面接などで収集された情報が一つの図に集

図表6-2　ジェノグラムの例

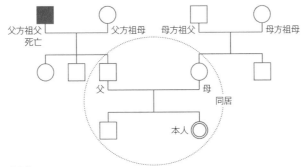

〈人物の表記〉

男	女	不明	
□	◎		本人は二重線で表記
□	○	△	存在が明らかな人物は実線で表記
⬚	○	△	存在が不確かな人物は点線で表記
■	●	▲	すでに死亡している場合は黒く塗り潰す

〈関係性の表記〉

——	通常の関係	——	良好な関係	··········	関係性不明	∿∿∿	トラブルのある関係
婚姻関係		離婚・親権左側		離婚・親権右側		婚姻・別居	
婚姻・左別居		婚姻・右別居		→	一方的な関係	↔	双方向の関係
⬭	枠内同居						

出典：［東京都社会福祉協議会児童部会、2011］pp.14-15を基に作成

図表6-3　エコマップの例

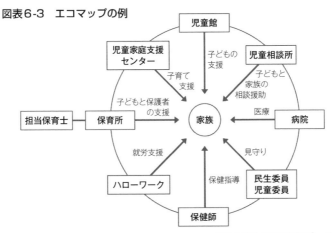

出典：［佐久間美智雄作成］一藝社、2018 年

約して視覚化できるので、アセスメントの際の効果的なツール（道具）として有効活用される（**図表 6-2**）。

► 3　エコマップ

　エコマップは、利用者や家族と地域の社会資源とのつながりや関係を把握することを目的とした、環境アセスメントのためのツールである。このアセスメントツールは、「人と環境とその交互作用」に着目され、エコシステムを基盤とするソーシャルワークの視点に基づく。多様で複雑な生活上の課題を抱えた利用者とその家族との関わりや、様々な社会資源との関わりを、一定の線や記号を用いて表わすことによって、利用者や家族が置かれている状態を図式化して表現する方法である（**図表 6-3**）。

【引用・参考文献】

笠師千恵・小橋明子著『相談援助・保育相談支援』中山書店、2014年

倉石哲也・大竹智編著『相談援助』ミネルヴァ書房、2017年

林邦雄・谷田貝公昭監修。髙玉和子・和田上貴昭編著『改訂版保育相談支援』（保育者養成シリーズ）一藝社、2018年

森上史郎・柏女霊峰編『保育用語辞典第8版』ミネルヴァ書房、2015年

谷田貝公昭・石橋哲成監修、髙玉和子・大野地平編著『新版 相談援助』（コンパクト版保育者養成シリーズ）一藝社、2018年

厚生労働省「子ども虐待対応の手引き」＜http://www.mhlw.go.jp/bunya/kodomo/dvl2/09.html＞（2020年2月4日最終アクセス）

厚生労働省「子ども・若者ケアプラン（自立支援計画）ガイドライン平成30年3月」

（古野愛子）

第**7**章

支援計画の実施と評価

第**1**節 »»» 支援計画の実施と評価

▶ 1 支援計画の実施

　援助計画の実施とは、介入（インターベンション）のことである。もちろん支援計画（プランニング）に沿ったインターベンションが求められるが、保育士としての強みを活用した介入が求められる。以下に、いくつかのポイントを示す。

(1) 子どもへの支援

　何のために子ども自身への介入を行うのかといえば、①子どもの情緒を安定させる、②子どもの心身の発達を促す、③子どもをより深く理解する、などが挙げられる。

(2) 保護者への支援

　保護者へ介入する目的は、①保護者の心情を共感し支持する、②子育てに関する知識や技術を伝達する、③必要な社会資源を紹介し繋げる、などが挙げられる。

(3) 日常の保育のなかで支援をする

　保育士の行う介入は、意図的に作られた面接室や環境でなくても、日常の保育の場面で介入ができることが利点である。子どもに対しては、日常の保育が展開されていく随所で介入できる。保護者については、例えば登園・降園の際に介入ができることが強みである。

58

（4）所属組織の力を活用する

多くの保育士は保育所などをはじめとするどこかの組織に所属し相談援助を行うので、所属組織のもつ権限や人材を活用した介入ができるとよい。そのためには、所属組織の可能性と限界を把握しておくことが求められる。

（5）チームで支援する

昨今は、クライエント（支援を必要とする対象者）のニーズが複雑・多様化している。そのことに伴い、保育士や所属組織だけでは、課題や問題を解決しきれない場合がでてくる。その場合は必要な機関や組織や専門職と連携を行い、協働して介入する。協働する際は、お互いの専門性をよく理解し、①誰が、②何を、③いつまでに、③どこまで介入するか、を綿密に事前に調整を行い支援する。

（6）社会資源を創出する

保育士の所属組織やチームで対応をすることに限界があるケースの場合は、自ら創出することも介入のひとつである。この場合は、メリットとしては、既存の社会資源では補えないクライエントのニーズに即した社会資源を創出することができる。しかし、土地や建物や人材の確保、運営費や人件費といった費用のことを一から考えていかなければならず、保育士の労力負担も大きい。

（7）介入がうまくいかない場合

場合によっては介入が上手くいかない場合もある。その原因は、①支援計画そのものに無理があった場合、②支援計画作成時は想定されていなかった事態が起こった場合、③介入の技術に未熟さがあった場合、が考えられる。

▶2 評価

（1）ふたつの評価

支援が適切に行われているかどうか、確認する局面が評価である。評価は、支援の途中で行われる中間評価（モニタリング）と、最終的に支

援の効果を確認する事後評価（エバリュエーション）とがある。

　どちらの評価も、支援が適切に行われクライエントのニーズが充足されているかを確認するために行われる。モニタリングで、もしニーズが充足されていないことが確認できたら、支援過程のどこに不備があったかを検証し、支援をやり直すことが求められる。また、当初予定されていた支援計画や介入を、必要に応じ修正・変更することもある。

（2）評価の方法

　評価をするためには、①評価したい内容が適切に測れているか、②評価が意図的ではなく客観的に行われているか、の2つが大切になる。これらのために、実験計画法や信頼できる尺度や質問紙を用いる方法がある。

　実験計画法とは、グループ間実験計画法と単一事例実験計画法とがある。グループ間比較実験計画法とは、支援を行ったグループとそうでないグループとに分け、両者のグループを比較して援助の効果を検証する方法である。単一事例実験計画法とは、援助前の時期をベースラインとして（これを A 期という）、援助後の状態（これを B 期という）を意図的に作り、A 期と B 期を比較する方法である。比較の仕方には、援助前—援助後を比較する AB デザインと、援助前—援助後—再度援助前の状態にするという ABA デザイン、その他 ABAB デザイン、BAB デザイン等いくつかの測定方法がある。

　一方の尺度や質問紙というのは、クライエントや家族にアンケートや面接を行い、援助の効果を測定するというものである。その場合、使用する尺度や質問紙や面接での質問事項が、援助の効果を確かめることができる内容になっているかが重要である。したがって、評価する前に検討し作成しておく必要性がある。しかし、実験計画法はどこか倫理的に抵抗を感じるかもしれないし、質問紙や面接ではクライエントや家族の意思表示が適切に行われるかという課題が残ってしまう。したがって、これらの方法で評価の実施を行うことが困難な場合がある。その場合は、複数人の多様な人材の話し合いで、評価をしていくという方法もある。

多様な人材がもたらす多角的な視点をもって、評価の質を保てるからである。ケースにより、この話し合いにはクライエントやその家族も参加できる。

(3) 評価の難しさ

そもそも保育の実践が評価になじまないのではないかという疑念もある。社会福祉としての保育の営みに、評価などはなじまないという声は以前からあった。しかし、現在は保育にも契約という考えを取り入れ、公金を使用しているという理由で費用対効果を求められている。したがって、自らの支援の効果をしっかり検証し、当事者や社会へフィードバックすることが求められている。また、倫理的な側面の難しさもある。実験計画法は意図的に支援をやめるという局面をつくりださなければならないことから、現場では導入しにくい。クライエントの利益になるような評価方法を模索していく必要があるだろう。さらに、効果的な支援方法を導くために評価をするのか、それともクライエントの何らかの変化を確認するために評価を行うのか、という論点もある。前者ならより厳密かつ厳格な評価手続きが求められるし、後者であればクライエントも含め多くの人間を巻き込み、みんなで確認し合うという作業が大事になってくる。保育現場では前者より、後者のような評価を行うことのほうが多いのではないだろうか。

▶ 3 終結

終結（ターミネーション）とは、相談支援の終了を判断する局面をさす。ことわざにある、「終わり良ければ全て良し」のとおり、とても重要な局面である。終結においては、①それを判断する時期、②支援の終わらせ方、③支援終了後の課題がポイントとなる。

(1) 終結の判断時期

終結をどうやって判断するのか。単純に考えれば、ニーズが充足された場合である。しかし、事はそう単純な話ではない。例えば、誰が何を

根拠にニーズが充足されたと判断するのか。クライエントなのか、それとも援助者なのか。また、いつそれを判断するのか、支援開始からどれくらいの時間が経ったら終結の見極めをしていいのかというような論点がでてくる。クライエントと保育士、双方が「そろそろ支援も終わり」と意識し合っていればスムーズにいくが、そうでない場合は、終結の話を切り出された側は困惑してしまうだろう。クライエントと保育士との双方の合意で、終結の確認が行われることである。

(2) 終結が突然おとずれるケース

　解決を待たずして、終結が突然おとずれる場合もある。例えば、クライエントの転居や保育園等の退園・卒園や金銭面での継続が困難な場合やクライエントの死亡等が考えられる。援助者側でも、援助者の異動等がある。この場合、組織としては対応を継続できるが、クライエントとしては信頼していた援助者を失うことになる。

(3) 支援の終わらせ方

　支援の終わらせ方としては、主訴が解決されたのかというニーズ充足の確認、新たなニーズが発生していないかという確認、支援終了後の対応（フォローアップ）の説明などをしておくとよい。クライエントが支援に満足し、かつ、今後の心配を少しでも軽減された状態での終結が望ましい。さらに、保育士は困ったことや悩みがあれば、いつでも訪れてほしいという姿勢を伝えておくことも肝心である。

第2節 »»» 支援計画の事例

▶ 1　事例の概要

　Aちゃん（女児、4歳）は保育園に通っている子どもである。普段は落ち着きのある子どもであるが、最近は落ち着きがなくなっている。また、

図表7-1　Aちゃんの支援計画

援助目標	いつまでに	誰が	何をする	評価
虐待の通告	ただちに	園長	市役所又は児童相談所へ通告する	・次回職員会議で通告の報告を行う ・次回職員会議までに、緊急性を伴う事態になれば、園長がその判断をおこなう。
女児への心身の安定を図る	ただちに	嘱託医	女児への痣の状態を確認して、医療的ケアの必要性を判断する	・医師からの報告を受ける。 ・次回職員会議で報告をする。 ・次回職員会議までに、緊急性を伴う事態になれば、園長がその判断をおこなう。
	1か月以内	担任	日常の保育のなかで、重点的に気にかけ、女児の心情を受容する。	次回職員会議で、女児の変化を全職員で情報共有し、今後の支援方針を決める。
	ただちに	担任以外の保育士	挨拶からでもよいので、女児に言葉かけを積極的におこなう。	
母親への支持的なサポートを行う	ただちに	担任	登園やお迎え時に母親と話し、悩みを受け止め、場合によっては必要な社会資源の紹介をする。	次回職員会議で報告をし、全職員で情報の共有をし、今後の方針を決める。
父親の状況を理解する	1週間以内	園長 担任	父親の状況や心情を聞き受容する。必要な社会資源の紹介をする。	

（筆者作成）

「先生！」と言いながら、抱きついて甘えてくるしぐさも増えた。そのような様子を、担任の保育士は気にかけるようになっていた。

　ある夏の日のこと、プール遊びのため着替えを行っている女児の体に、痣があることに担任が気付いた。「この痣どうしたの」と担任が聞くと、女児は「昨日、お父さんが叩いてきた」と話し始めた。

　その日の帰りに、迎えに来た母親に、担任保育士は「Aちゃんの体に痣があったんですが、もしかしたら園で遊んでいる最中にぶつけさせてしまったかもしれません。すみませんでした」と謝罪した。その言葉に母親は、「先生違うんです……」とだけ答え、気まずい表情にかわった。

担任保育士は「何かお困りのことでもありますか」と尋ねると、しばらくの沈黙の後、母親は「実は 1 か月ほど前に、不況の影響を受け、父親の会社が倒産して無職になってしまったんです。それ以来、父親は家にいるようになりました。最近は、精神的にも不安定になり、子どもに手を出すようになったんです。実は私にも……」といって、母親も腕の痣を見せてくれた。

　女児と母親と別れた後、担任保育士は園長に状況を報告した。園長は、担任保育士の話を丁寧に聞き、ケースの深刻さを受け止めた。そこで園長は、担任保育士と一緒に、支援計画を作成した（**図表7-1**）。女児への支援計画は、翌朝の打ち合わせで園長より全保育士に伝えた。各保育士は、この計画に従い挨拶等の言葉かけや身体的なスキンシップを積極的に行った。その結果、日増しに女児の言動に落ち着きがみられていった。関係機関への虐待通告は、園長から保育園を管理する市役所の子ども課へ通告がなされた。さらに、子ども課から児童相談所へ通告がなされた。児童相談所は、通告後 48 時間以内に家庭訪問をして状況を確認した。その結果、経過観察との方針が出され、その旨が子ども課を通じて保育園に伝えられた。女児の痣については、園長より嘱託医へ連絡をし、往診をしてもらった。幸い、骨折等の深刻な状況はなかった。そのことは、迎えに来た母親にも伝えられた。

　母親からの告白の日以来、母親は女児の送り迎え時に、女児のことや家庭の状況等、様々なことを話すようになった。相談当初は気まずそうにしていた母親も、辛抱強く受容する担任保育士に心を開き信頼するようになっていった。母親は、保育士と話し始めてから心が楽になったと言っている。

　母親を通じて父親と接触を試みたが、「保育園には行きたくない。家から出たくない」ということであった。そこで、園長と担任保育士が、家庭訪問をすることになった。父親は、今まで生きがいだった仕事を失い、その喪失感が子どもに暴力という形で表れてしまうことが訴えられ

た。園長と担任保育士は、父親の喪失感を丁寧に受け止めた。帰り際に園長から、「もしよかったらお使いください」と言葉を添え、ハローワークのチラシを渡して女児宅の家庭訪問を終えた。この家庭訪問の数日後、父親はハローワークを尋ねていったと母親から報告を受けた。

　以上のような経緯が翌月の職員会議で報告され、今後の方針が議論された。ハローワークには通ってはいるが、父親の再就職先がまだ決まっていないことなどから、引き続き女児と母親への支援が継続されることが確認された。

▶ 2　この事例のポイント

　この事例は、虐待対応が絡んだ事例である。日常の保育のなかで、担任保育士は虐待の疑いを確認し園長に報告をした。園長はただちに支援計画を作成し、緊急性のある虐待通報や身体的な状況に介入を行い、子ども課や児童相談所と連携体制を築いた。

　それに対し女児と母親への精神的ケアは時間がかかるため、日常の保育を活用しながら継続的に行った。また、母親を介してタイミングを図っていた父親との接触も、家庭訪問というアウトリーチで介入を試みた。

　その後の、状況把握から1か月後の職員会議で、中間評価が行われ、女児と母親への継続的な支援を確認した事例である。

【引用・参考文献】

　與那嶺司「ソーシャルワーク実践評価における、シングル・システム・デザインとその諸課題」関西福祉大学研究紀要　第6号　2003年　pp.137, 157

　谷田貝公昭・石橋哲成監修、髙玉和子・大野地平編著『新版　相談援助』（コンパクト版　保育者養成シリーズ）一藝社、2018年

　髙井由起子編著『子どもと家族をアシストする　相談援助』保育出版社、2017年

（橋本好広）

第**8**章

支援体制における連携・協働

第**1**節 »»» 関係者の共通認識

▶ 1 共通認識とは

　保育の現場で子育て支援を行っていくうえで、職員同士の連携や協働は必要不可欠なものである。近年では保護者の多様化した保育の需要に対応するため、例えば子どもの発達障害や、外国籍の家庭、保護者の不適切な対応や虐待の疑われる家庭への支援など、担任の保育士が1人で対応するにはとても困難であるケースもあるからだ。さらに職員一人ひとりが専門性や経験を活かして連携・協働を図るには組織として一貫性のある永続的な支援を行うことが重要になってくる。

▶ 2 組織としての連携・協働

　「保育所保育指針」第4章子育て支援において子育て支援に関する留意すべき事項の一つとして、「保護者に対する子育て支援における地域の関係機関等との連携及び協働を図り、保育所全体の体制構築に努めること」との記載がある。ここでも記されているとおり、地域の関係機関等との連携・協働はもちろんのこと、保育士同士の引継ぎや、食物アレルギーの子どもの情報交換など、職員一人ひとりが専門性や経験を活かした連携・協働を図ることで、保育所全体の体制構築に努めることが重要である。

▶ 3 組織として一貫性のある永続的な支援

　保育所を含む児童福祉施設においては、保育士の他、看護師、栄養士児童指導員や相談員、心理士、調理師等の多様な職種が配置されている。そのため、異なる分野においても共通の認識を持つための共通言語や共通の認識を持っておく必要がある。例えば、互いに生まれ育った地域も家庭環境も異なる職員同士が、地元の話や、家族との決まり事を伝え合うと、話の中に違和感を覚える事柄もあるだろう。普段から日常的に自分の保育観や子どもに対するイメージ、考え方を共有しておくことで、互いの勘違いや方向性の逸脱を防ぐことになり、組織として一貫性のある永続的な支援に繋がるだろう。

第2節 »»» カンファレンスと個人情報の取り扱い

▶ 1 保護者や子どものプライバシー

(1) 個人情報の保護

　「保育所保育指針」第4章子育て支援には留意すべき事項の一つとして、「子どもの利益に反しない限りにおいて、保護者や子どものプライバシーを保護し、知り得た事柄の秘密を保持すること。」という記載があるが、個人情報の保護に関する法律（平成15年法律第57号）の第3条においても、「個人情報は、個人の人格尊重の理念の下に慎重に取り扱われるべきものであることにかんがみ、その適正な取扱いが図られなければならない。」と示されている。

　また児童福祉法において「保育士は、正当な理由がなく、その業務に関して知り得た人の秘密を漏らしてはならない。」（第18条の22）というように保育士の秘密保持義務について明記されている。

　例えば、同じ保育士であるからということを理由に外部の友人に、子どもや保育士のプライバシーに関わる情報を開示することで情報漏洩してしまうこともある。また、保護者を安心させようと同じ悩みを持つ保護者の事例を持ち出したり、同じ悩みを抱える保護者がどのように解決をしたのか説明したり、他の子どもの問題行動や家庭の状況を開示することなどは決してあってはならないことである。

(2) 「子どもの最善の利益」を考慮する

　ここでいわれている「正当な理由」の一例としては、児童虐待の防止等に関する法律（平成 12 年法律第 82 号）第 6 条にある通告義務が挙げられる。「子どもの最善の利益」に考慮し、虐待の疑いがある場合においては、守秘義務より優先されることに留意しなければならない。なお、関係機関等との連携、保護者への伝達、保護者同士の交流や地域交流などに必要な情報交換等については、関係者の承諾を得ながら適切に進める必要がある。

▶ 2　ファシリテーターと会議・研修の在り方

(1) 会議におけるファシリテーターの役割

　保育所内で職員会議をする際や、ケースカンファレンスをする際には、ファシリテーターを立てる必要がある。ファシリテーターとは会議における「会議を円滑に進行する人」のことである。具体的には「会議の進行役」として、司会者のような役割を果たし、会議に参加する職員の意見を聞き、分かりやすくまとめて伝えたり、スムーズな理解を促したりする役割を担う。特に注意する点としてファシリテーターは、会議中に自身の意見や主張を述べることは控え、あくまで中立的な立場から参加している職員全員の発言を引き出すことに力を注ぐことが重要である。

　なお様々な発言を引き出すうえで、会議の内容が議題やテーマから逸脱しないようコントロールし、発言者や意見内容の偏りをなくすことも重要である。また必要であれば会議の流れがスムーズに進むよう方向修

正を行うこともファシリテーターの役割の一つである。

　会議をスムーズに進行し、より良い結論を導くことがファシリテーターの役割である。そのため、時間配分などに気を配りながら、まとまりなく無駄な会議にならないようにすることも大切である。

(2) ブレインストーミング法

　会議モデルの一つとしてブレインストーミングを紹介したい。ブレインストーミングとは、アレックス・F・オズボーン（Alex Faickney Osborn, 1888 ～ 1966）によって考案された会議方式である。具体的には集団でアイデアを出し合うことによって相互交錯の連鎖反応や発想の誘発を期待する技法である。議題やテーマは予めお互いに周知しておく方法と、先入観を与えないようにその場で資料を配布する方法とがある。ブレインストーミングの過程では、次の４つの原則（ルール）を守ることとされている。

ブレインストーミング中のルール

・判断・結論を出さない

・粗野な考えを歓迎する

・質より量を重視する

・様々な角度から多くのアイデアを出す

　会議中に出されたアイデアは全て記録を残し、一般的な考え方やアイデアはもちろんのこと、一般的でなく新規性のある考え方やアイデアなどあらゆる提案を歓迎し全て記述していく。また、それぞれのアイデアを結合させ発展させることで、さらに新しい別々のアイデアを作成させたり、アイデアの一部を変化させたりすることで、新たなアイデアを生み出していくことにもつながる。

　通常の会議においても先に述べた４つのルールを元に会議を進めることで、活発な話し合いを行うことができる。

　例えば、園内行事の運動会について、ブレインストーミング法を使っ
てアイデアを出し合っていくとする。付箋にそれぞれが思いついたアイ
デアを書いていき、一枚の紙に貼っていく。（つなひき・たまいれ・かけっ
こ・バスレンタル・園内バス・近くのグラウンドレンタル・近くの体育館・おめん・
お菓子……）競技のアイデアだけでなく、使用する会場や、移動手段、景品
等、思いついたアイデアは全て書き出していく。それをグループごとに分
けて貼っていき、表出されたアイデアを整理していく。また、「おめん
をつけながら玉入れしたら面白いかも」、「かけっこのゴール地点にお菓
子を置いておくのはどうだろうか」など、それぞれの意見を合わせて新
たなアイデアを出していくことも可能である。

　例：秋季運動会保育園でのアイデア

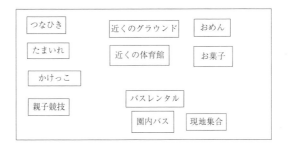

(3) ケースカンファレンス

　「保育所保育指針」第 5 章職員の資質向上　3 職員の研修等において、
「職員が日々の保育実践を通じて、必要な知識及び技術の修得、維持及
び向上を図るとともに、保育の課題等への共通理解や協働性を高め、保
育所全体としての保育の質の向上を図っていくためには、日常的に職員
同士が主体的に学び合う姿勢と環境が重要であり、職場内での研修の充
実が図られなければならない。」と記載されている。職場内の研修の一
つとしてケースカンファレンスが挙げられる。

　ケースカンファレンスとは、ケースに関わっている職員が集まり、子
どもの状態の変化や新しい課題や問題点の把握を行うことで適切な支援

が行われているかどうかについて、実際にあった事例を元に検討する会議のことである。ケースカンファレンスを行う際には、同じ保育所内の職員だけではなく、外部機関の専門職や外部の学識有識者等の参加を依頼することもある。先述した通り、ファシリテーターになる人は、参加者全員が意見を言えるような雰囲気づくりに配慮し、話し合いを活性化していくことが重要である。事例を提供する職員は事前準備を万全にしておくことと、子どもや保護者、その家族のプライバシーの保護にも十分に留意しなければならない。

第3節 »»» 保育の質の向上に向けた取り組み

► 1 職員の資質の向上

(1) 職場内外の研修の充実

組織全体のベースアップを図るためには、職員一人ひとりの資質向上を目指し、職員自身がその能力を最大限に活かすことで、よりよい保育や保護者への支援ができるようになる。

「保育所保育指針」の第5章資質の向上において、次のように記載されている。「第1章から前章までに示された事項を踏まえ、保育所は、質の高い保育を展開するため、絶えず、一人一人の職員についての資質向上及び職員全体の専門性の向上を図るよう努めなければならない。」

また施設長を含めた職員の質の向上と、そのための研修の機会の確保については、設備運営基準第7条の2第1項において「児童福祉施設の職員は、常に自己研鑽に励み、法に定めるそれぞれの施設の目的を達成するために必要な知識及び技能の修得、維持及び向上に努めなければならない」とされている。職員研修の重要性を先に述べたが、OJT（On the Job Training）、OFF - JT、SDS（Self Development System）の機会を

利用することや、スーパービジョンやコンサルテーションを受けることで職員一人ひとりがそれぞれの専門性や知識を高め、役割認識を改めて問い直し、継続した学びの中で研鑽を積むことが求められている。

(2) スーパービジョン

スーパービジョンとは知識や経験豊富な対人援助者（スーパーバイザー）が経験の浅い援助者（スーパーバイジー）に適切な指導や助言を行うものである。指導者が援助者と定期的かつ継続的に面接を行い訓練することで、専門的なスキルを向上させる。スーパービジョンは教育的機能の他に、スーパーバイザーがスーパーバイジーに対する精神的な支援の役割を担うこともある。保育所においては、園長や主任保育士、経験のある先輩保育士がスーパーバイザーの役割を担う。

(3) コンサルテーション

コンサルテーションとは、適切な支援ができるよう外部の専門家や学識有識者から、指導や専門的な助言を受けるものである。

スーパービジョンには管理的機能があるが、コンサルテーションにおいて管理的機能はない。

(4) 施設長の責務と専門性の向上

「保育所保育指針」の第5章職員の資質向上　2施設長の責務において、「施設長は、保育所の役割や社会的責任を遂行するために、法令等を遵守し、保育所を取り巻く社会情勢等を踏まえ、施設長としての専門性等の向上に努め、当該保育所における保育の質及び職員の専門性向上のために必要な環境の確保に努めなければならない。」と記載されており、施設長自らが自己研鑽に努めることが求められている。

また、職員の研修機会の確保等について「施設長は、保育所の全体的な計画や、各職員の研修の必要性等を踏まえて、体系的・計画的な研修機会を確保するとともに、職員の勤務体制の工夫等により、職員が計画的に研修等に参加し、その専門性の向上が図られるよう努めなければならない。」とも記載され、保育所内外の研修の充実を図り職員1人ひと

りの資質向上を目指すこと、そして保育全体としての保育実践の質及び専門性の向上を図ることが求められている。施設長の責務として職位や経験年数に関係なく、全ての職員が保育所内外の研修に勤務の一環として参加できるよう努める必要がある。

▶2 働きやすい職場づくりに向けて

　近年、保育士不足が社会的な問題となっているが、各保育所等においてもいかにして離職を防ぎ、職場へ定着させるかということが大きな課題となっている。中でも「低賃金」、「労働時間の長さ」の他、「職員間の人間関係の問題」も離職の大きな原因として考えられる。そのため、給与面などの待遇改善も当然のことながら、職員の離職率を下げ、長く職場に定着してもらうためには、職員間の人間関係を良好な環境に保っていくことも必要不可欠であると考えられる。どんな小さな悩みでも同僚や、先輩・上司に相談のできる職場づくりが、職員間の良好な連携・協働を図る重要なファクターであると考える。

【引用・参考文献】

　柏女霊峰・橋本真紀編著『保育相談支援』ミネルヴァ書房、2015年

　二宮祐子『子育て支援　15のストーリーで学ぶワークブック』萌文書林、2018年

　公益社団法人児童育成協会監修、西村重稀・青井夕貴編集『子育て支援新基本保育シリーズ19』中央法規、2019年

　才村純・芝野松次郎・新川泰弘・宮野安治編著『子ども家庭福祉専門職のための子育て支援入門』ミネルヴァ書房、2019年

　『最新保育士養成講座』総括編纂委員会編『子ども家庭支援―家庭支援と子育て支援』全国社会福祉協議会、2019年

（泉水祐太）

第9章

支援で活用する地域の社会資源

第1節 ⟫⟫⟫ 保育の現場における地域の捉え方

▶1 保育の現場におけるエコシステム理論

　子育て家庭が抱える負担や不安を和らげ、実際に支援に結び付けるため、地域にある社会資源や資源との協働が重要である。

　子育て家庭と日常的に接し、支援ニーズを把握しやすい保育士は、保護者を子育て支援サービスへとつなげるソーシャルワーク実践者となる。子育て家庭の様々な状況に対応するため、保育ソーシャルワークの実践レベルは、ミクロ、メゾ、マクロの３つに分けることができる（**図表9-1**）。子育て家庭が抱える諸問題に対し、地域における社会資源を発掘・収集し、保護者に提供するのがメゾレベルにおける実践となる。

　メゾレベルにおいて子育て家庭の課題解決を図る際、重要な視点となるのが、保護者と環境との相互作用に焦点を当ててはたらきかけていく「エコシステム理論」（メイヤー〈Meyer, C.H.〉1924 ～ 1996）である。家庭を取り巻く環境（＝社会資源）とは、利用者が持つ支援ニーズを満たしたり、問題解決するために活用される各種の制度・施設・機関・設備・資金・物質・法律・情報・集団・個人の有する知識や技術等の総称である。これらの資源を発掘・収集し、効果的に保護者に提供していくためには、子どもや保護者の置かれている状況を理解し、どのような資源が必要か包括的なアセスメントを行うことが求められる。

図表 9-1　保育ソーシャルワークにおける実践レベル

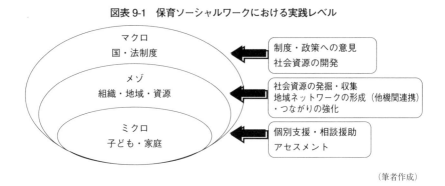

（筆者作成）

▶2　社会資源の種類

　社会資源は、フォーマル（公式）とインフォーマル（非公式）に分けることができる。フォーマルな社会資源としては、保健所・保健センター、福祉事務所（家庭児童相談室）、児童相談所、要保護児童対策地域協議会、医療機関、他の保育所、小学校、地域子育て支援拠点、放課後児童クラブなどが挙げられ、インフォーマルな社会資源としては、親族、友人・知人、近隣住民、子ども会、育児サークル、ボランティア、NPO法人などがある。フォーマルな社会資源は公共性が高いため、誰でも利用することができるが、画一的な支援のため新しいニーズへの迅速な対応、柔軟な対応ができない面がある。インフォーマルな社会資源は、サービス対象者が限定されないため、柔軟な対応ができる一方で、誰でも受けられるわけではない。

　保育所が所在する地域によっては手続き方法や支援内容に地域差が出る場合もあるため、保育士はすぐに相談に応じることができるよう、地域にあるフォーマルな社会資源を熟知しておくと共に、日ごろから子どもや保護者が持っている近隣住民や親戚など、子育てをサポートしてくれるインフォーマルな資源との関係性を把握しておくことが求められる。

　しかし、保育士は、日々の保育において子ども・保護者の様子、また親子の関係を観察するなど家庭に最も近い存在であるため、その後の専

門的な支援へとつなげる初期対応機関として捉えることができる。保育所だけで解決を図ろうとして抱え込むのではなく、保育所にできないことを明確化し、専門機関につなぎ適切なサービスや情報を家庭につなげる役目が保育士には求められる。

第2節 »»» 子育て支援に関わる他機関・他職種

►1　子育て支援機関

（1）地域子育て支援拠点事業

　地域の身近な場所で、乳幼児のいる子育て中の親子の交流や育児相談、情報提供、子育て・子育て支援に関する講習などを実施している。同世代の子どものいる保護者同士が集まり、子育てサークルなどの活動を行うことは、子育ての孤立感や負担感を和らげることにつながる。地域子育て支援拠点事業には、子育て支援に関して意欲があり、子育てに関する知識・経験を有する者（主として経験の長い保育士や社会福祉士など）が従事しているため、専門的な支援へとつなげることも可能である。

（2）子育て援助活動支援事業（ファミリー・サポート・センター事業）

　各市区町村内で、乳幼児や小学生などのいる子育て中の労働者や主婦等を「依頼会員」、育児の援助を行いたい者を「提供会員」として登録し、子どもを預かるための相互援助活動の連絡、調整を行う事業のことをファミリーサポートセンター事業とよぶ。具体的なサービス内容として、提供会員による保育施設までの送迎、保育施設の利用前後や学校の放課後、保護者の冠婚葬祭や買い物などの外出の際に子どもの預りを行う。2009年度からは、病児・病後児の預かり、早朝・夜間等の緊急時の預かりなどの事業も行っている。

(3) 子育て短期支援事業

保護者がやむを得ない事由により子どもを養育ができない際、一時的に子どもを預かる制度である。短期入所生活援助事業（ショートステイ）では短期間（多くの自治体が最大7日）、夜間養護等事業（トワイライトステイ）では平日の夜間又は休日に、乳児院、児童養護施設、母子生活支援施設といった児童福祉施設で子どもの預かりを実施している。育児不安や育児疲れ、慢性疾患児の看病疲れ等の身体的・精神的負担の軽減が必要な場合、保護者の仕事などの理由により、一時的に養育が困難となった場合でも預かることができる。実施主体は市町村となるため、利用手続きは市町村窓口となる。

▶ 2　社会的養護機関

(1) 市区町村子ども家庭総合支援拠点

地域の全ての子ども・家庭の相談に対応する、子ども支援の専門性をもった施設であり、子ども家庭支援、要支援児童及び要保護児童等並びに特定妊婦等への支援、関係機関との連絡調整などの業務を行う。2016年の児童福祉法の改正により、各自治体への設置が努力義務となり、国は2022年までに全市区町村に設置するとの方針を打ち出している。児童相談所よりも子ども虐待のリスクが低いケースを取り扱い、妊産婦期からの切れ目のない支援を行うソーシャルワーク機関である。

市区町村子ども家庭総合支援拠点には子ども家庭支援員、虐待対応専門員、心理担当支援員が従事しており、相談援助や関係機関との連携・調整、心理アセスメントなどを行っている。

(2) 子育て世代包括支援センター

妊産婦・乳幼児等へは母子保健分野と子育て支援分野の両面から支援が実施されているため、関係機関同士の十分な情報共有や連携が難しく、制度や機関により支援が分断されてしまうという課題があった。そのため、子育て世代包括支援センターでは、これまで市町村の保健センター

などで実施されていた妊娠初期、出産直後、子育て期にわたり、妊娠の届出等の機会に得た情報を基に、妊娠・出産・子育てに関する相談に応じ、必要に応じて個別に支援プランを策定し、保健・医療・福祉・教育等の地域の関係機関による切れ目のない支援を行っている。保健師、助産師、看護師、社会福祉士などが妊産婦及び乳幼児等の実情を把握し、相談支援を提供するワンストップ拠点である。

(3) 要保護児童対策地域協議会（子どもを守る地域ネットワーク）

児童福祉、保健医療、教育、警察・司法など、様々な領域において子どもに関わる機関の代表や専門家が構成員となり、それぞれの現場の要保護児童の実態把握や個別ケース検討会議を行う実務者会議を行う。要対協は虐待の疑いがあるケースについても協議を行い、緊急的な対応が必要な場合は児童相談所への通告が義務づけられている。

第3節 »»» 他職種・他機関との連携・協働方法

▶ 1 保育所保育指針にみる地域との連携

新保育所保育指針では、地域の関係機関等との「協力」から「協働」へと、また、子育て支援に関する地域の人材に対して「活用」から「連携」という言葉に変更されており、保育所側から地域資源への積極的な働きかけが強調されるようになった。保育士はそれら資源の効果と共に、資源の限界や利用した際のリスクについても保護者とともに考えなければならない。そのためには、保育所全体で家庭の現状や資源について共有理解を図り、担当者を中心とした保育士等の連携体制の構築に努めるなど、組織的に取り組むことが重要となる。

▶ 2 事例

・A君（5歳）：知的能力は高いがこだわりが強く、他児に予想できない動きをされるとパニックになる。
・母親（41歳）：高学歴。こだわりが強く、母親自身にも何らかの発達的特性を感じる。こだわりの強いA君にはイライラすることが多いが、A君の妹は可愛いと感じている。
・父親（46歳）：夜勤が多く、家にいることが少ない。夫婦関係は良好で、母親の5歳年上のため、余裕があり、いつも母親を慰めてくれる。
・祖母（69歳）：隣駅に住んでおり、育児を手伝う気持ちがある。

　A君は年長になってから、保育室に入るとパニックと癇癪を繰り返すようになったため、保育所はカンファレンスを開き、A君に朝の登園時は園長室で過ごし、朝の会が終わり次第担当保育士が園長室にA君を迎えに行くこととなった。担当保育士が母親に上記のことを伝え、しばらく経過観察していると、A君は落ち着きを取り戻した。

　それから2か月経ったころ、母親が「最近、Aの様子がおかしくなってきた」と、今までA君にしていた保育所の対応方法にクレームを言い始め、担当保育士に突然拒否的になり、登園しなくなってしまった。

　父親に電話で確認をしたところ何も知らなかったため、園長、主任保育士、担当保育士、父親の4者面談を行った。面談の中で、父親も母親にこだわりがあることや、最近母子関係が不安定なことを心配していること、また、隣駅に住む自身の母（A君にとって祖母）が保育所への送迎をしてくれると言ってくれたが、母親は自身の母に対して拒否的で、「誰も私の味方はいない」と言うようになってしまったため、自分が優しくするしかないと思っていることなどが明らかとなった。

　以上のことを受けて、B保育所では再度カンファレンスを行い、まずはA君の母親の強み（ストレングス）を探すことにした。A君の母親は

「誰も私の味方はいない」、つまり、「誰か私の味方になってほしい」と
いうアセスメントに至り、Ａ君の母親の味方になれる人を探すことにし
た。同時に、Ａ君のこだわりの強さに対する専門的アセスメントを求め
て児童発達支援センターによる保育所等訪問支援を依頼することとした。

　巡回訪問に来た訪問支援員は、Ａ君の保育の現場での様子を見ると、
「保護者がＡ君の療育を受けたいと思わなければ、療育につなげること
はできない。今すぐ療育が必要とまではいかないので、まずは母親との
関係を築いてほしい」とアドバイスしてくれた。そこで担当保育士は、
Ａ君と同じクラスのＣちゃんの母親のお迎えの際にＡ君が最近休みが
ちであることを伝えると、Ｃちゃんの母親はＡ君の母親の携帯電話に
ビデオメッセージを送ってくれた。この頃から母親には保育所を利用し
ている他の保護者の中にママ友ができはじめ、土曜日に子どもたちを連
れて地域子育て支援拠点事業に行くようになった。次第に母親は自ら育
児の疲れや悩みを打ち明けるようになりその後は登園するようになった。

　本事例では、若い担当保育士が母親から見下げられてしまったため、
誰にも相談できないＡ君の母親の孤立感を和らげるキーパーソンは誰
かということが焦点となった。保育所が選んだのはインフォーマルな支
援となるママ友であった。当事者同士の関わりはピアサポートとよばれ、
対等なメンバーは抱えている課題も似ていることが多く、体験や感情を
共有しやすいといった効果が期待できる。一方で、専門的な支援は提供
できないため、Ａ君の母親が少しずつ地域の公的資源にもアクセスで
きるよう保育所からも働きかけることが求められる。また、Ａ君は翌
年には小学校に進学するため、保育要録にＡ君の発達特性について書
くだけでなく、母親の孤立感や育児疲れについても電話等により小学校
に伝えておく必要がある。このように網目の荒い支援のネットワークを
少しでも増やし、誰かが家庭につながれるネットワークを構築するよう
な支援が保育所には求められる。

図表 9-2　A 君の家庭のエコマップ

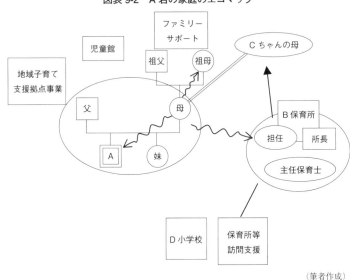

（筆者作成）

演習問題

　保育現場で保育者が発見する「気になる子ども」や「気になる家庭」には、どのようなケースが挙げられるか、考えてみよう。

【引用・参考文献】

日本保育ソーシャルワーク学会 監修、永野典詞、伊藤美佳子編『保育ソーシャルワークの内容と方法（保育ソーシャルワーク学研究叢書第 2 巻）』晃洋書、2018 年

川村隆彦、倉内惠里子『保育者だからできるソーシャルワーク：子どもと家族に寄り添うための 22 のアプローチ』中央法規出版、2017 年

（大村海太）

第10章
保育所における支援の実際

第1節 »»» 入所児童と親支援

▶ 1 保育所を利用している親子への支援

　働く親は朝から忙しさに追われ、子どもを預けに保育所にくる。また帰りも時間に追われながら、お迎えを急ぎ、子どもを迎えに保育所にくる。朝夕にみられる送迎の時間帯は保育士にとって親と関わる大切な時間となる。わずか2、3分の時から10分程度という短時間で、親は保育士に子どもの様子や状況などの申し送りや伝達事項を伝え、また保育士も保育所であった一日の様子を親に伝える。子どもの様子を家庭でしか知らない親にとっては、保育士とのやり取りは、子どもの保育所生活の中でどのように過ごしたかを知る貴重な時間となる。また保育所での出来事は、子どもにとっても人間関係を広げる大切な場であり、集団の中で色々なことを学んでいる。遊び1つにとってみても子どもには人との関わりが関係しており、自分の思いを伝え、自分と違う意見があることを知る。送迎時の保護者との会話は、子どもの発達の様子を知る機会にもなり大切な時間帯である。朝の登所前に家庭であった出来事が、子どもの不調につながることもあり、子どもにとっては機嫌よく保育所に登所し、気分良く保育所生活を過ごすことも大切なことになる。また保育所での活動状況では遊びで友人ができ、色々な遊びも広がり、子どもの発達が日々変わってくる。この様子を見た保育士が親に子どもの様子を丁寧に伝え子どもの発達や育てる喜びを共有する事も重要な役割である。

82

　その一方で、生活に余裕がなく常に慌ただしく生活をしている親も大勢いる。多忙で慌ただしくしているため、保育士からの伝達が上手く通じていない場合、トラブルの原因にもなる。衣服については記名がないことでトラブルの原因になりやすい。提出物の書類、健康管理に必要な書類、熱を出した時の連絡先のチェックリストなど保育所の生活に必要なあらゆる手続きを何度となく繰り返し伝えていくことが必要になる。日々忙しい親だからこそ、保育士が気を付けて対応していくことが必要になる。

第2節 »»» 保育所での連絡帳活用の実際

► 1　保護者との伝達方法として

　保育所の生活状況を親に確実に伝える方法として、従来からの連絡帳が現在も大切なツールとして用いられている。先述したように、送迎時の慌ただしい中でのやり取りは、伝えたつもりが伝わらなかったりすることもある。時にはそれが誤解のもとになる場合もあり、連絡帳はしっかりと文字化して内容を親に伝えることができるため有効な手段である。

　では連絡帳をいつ記載するかである。保育士の大半は、子ども達が午睡をしている時間帯や昼休みを利用して、一人ひとりの子どもに向け、気が付いた内容を簡単に記載している。保育士にとっては連絡帳を記載するための時間を作る課題もでてくる。また子どもを受け持つ保育士は、4歳児以上の場合になると1クラス30名程度となる園もある。連絡帳で一人ひとりの子どもについても記載することが、相当の労力にもなりやすい。簡単に記載すると全ての内容が同じになってしまいがちである。保育士が観察をして子どもを優先し直面している発達課題や保育所生活で出てくる課題を親に伝えるための内容を記載することが時間的な問題

を含め必要となる。親に子どもの要求を理解してもらうことを手始めに、発達課題や生活課題を一緒に考えていきたいという姿勢を伝えることが、この連絡帳の役割である。

▶2　対象児と親にむけて

（1）事例

［A男2歳児］　1歳児で入所してきた時から、他の子ども達とは違い発達がゆっくりだった。月齢の問題等を含め様子をみていた。2歳児に進級し、何人か新しい子ども達も増え、保育所生活2年目を迎えることになった。同じ月齢の子どもと遊ぶ機会が増えたが、一向に言葉が出ない。そのため遊びが広がらず、ひとり遊びを好みブロック遊びをしている。生活課題においても保育士が次の行動を指示し、周りの子ども達が動いて行うところを一向に動かずひとりだけ保育士のあとをついて回るというA男の発達の課題が見えてきた。2人の担任保育士がA男のことで相談し、母親にこの現状を伝えることにした。一人の保育士が送迎時に伝え、もう一人の担当保育士が連絡帳に記載することにした。

　最初の予定どおりA男の母親に、保育士からA男の様子を伝えた。母親はA男の状況を深刻に捉えておらず、1歳児の時から発達がゆっくりであったことや言葉も遅いこと、さらに歩行開始も2歳直前だったことから心配はしていない様子だった。そこで、もう一人の保育士から連絡帳にA男の生活の中で気になったことを以下のように記載した。

（目的）保育所生活でA男の状況を知ってもらうこと
B 保育士から母親宛
◎月△日
　今日は1歳児と2歳児のお友達とお散歩をしました。園庭の脇を歩くことは子ども達にとってもうれしい体験だったようで、みんなで張り切ってお散歩をしていました。1歳児の中には歩くことがゆっくりのお子さんがいたので、A男君と一緒に歩きました。しかし、A男君は疲れてしまったようで、途中で座り込んでしまいました。1歳児のお友達が歩こうと誘ってくれたのですが、動く様子が見られなかっ

たので、保育士が背負ってのお散歩になりました。

母親からB保育士宛

〇月◇日

　以前よりお伝えしていますが、A男はゆっくりした育ちであり、そのゆっくりのペースが大切だと思っています。1歳児のお友達が出来て本当によかったです。よろしくお願いします。

B保育士から母親宛

◇月〇日

　今日は製作活動を行いました。みんなそれぞれ好きな色を選び、簡単な折り方で、チューリップを作りました。A男君は黄色を選び喜んでいましたが、折り方が分からず、結果的には保育者が手伝う形でできましたが、納得がいかなかったのか、作成したチューリップをこわしてしまいました。指先を使って遊ぶことが苦手なようです。おうちではいかがでしょうか？

母親からB保育士宛

□月△日

　家は折り紙はやりたがらないので、やりたくないことは無理にさせないようにしています。A男が好きな遊びを充分させていただければそれでいいと思っています。折り紙はやりたくなければさせないでください。

B保育士から母親宛

〇月〇日

　お返事ありがとうございました。製作活動については今まで作ったA男君の作品とみんなの作品をクラスに貼ってあります。ぜひ一度見ていただければと思います。苦手な活動も少しでも挑戦する気持ちが出てくるといいですね。日頃のA男君の様子を是非見ていただく機会があるといいですね。今回の保護者会は参加していただけますでしょうか？

母親からB保育士宛

　保護者会の参加のお誘いありがとうございました。昨年は仕事の都合上いけなかったので、今年は行ってみたいと思います。

B保育士から母親宛

△月△日

　A男君のお母さん、お返事ありがとうございました。保護者会にご参加いただけるということで、とてもうれしく思います。ぜひ保育所生活の様子、またA男君の様子を見て頂きたいと思います。よろしくお願い申し上げます。

　このやりとりの後、保育所で2歳児の保育参観と保護者会が行われた。保育参観ではA男の母親が参加し、日ごろのA男の様子を参観した。

1歳児のクラスが隣にあり、A男の様子が隣の1歳児の子どもと変わりない状況を見た母親は、その後の保護者会ではA男の発達の遅れと保育所生活の課題をしっかりと知る状況になった。

(1) 親との協力体制を築くきっかけ

連絡帳のやり取りの中で見えてくることは、伝えたい思いと伝わらない思いがはっきり文字化してくることで、その内容からどのように伝えるか伝え方の工夫をしなければならないことがわかる。

事例のようにA男が直面している課題を、親にどのようにして気づいてもらうかで、親の気づきを問う形でメッセージが繰り返されている。最終的には親が保育参観に参加することで親自身がA男の状況を知ることになったが、保育士はそれまで3か月間A男の様子を伝え続けたのである。

(2) 親との協力体制にむけた対応

母親がA男の実情を自分の目で確認することでようやく保育士の意向が母親につながった。この場合、最初からA男の行動面及び発達の遅れだけを伝え、その遅れについての内容を記述するだけでは、母親とのコミュニケーションが途絶えてしまうことを予測していた。そのため、保育士は話題を変えながら一貫して、A男の行動で出てくる事実をしっかりと伝えるようにしていた。連絡帳にどのような内容を母親が記載しても、その時々でA男や母親に対する事柄を批判することなく、母親の言い分を受けとめながら改善方法にむけ、一定の方向性をもって伝えている。たとえ、母親が自分のやり方が間違っていたとして、状況を分かっていたとしても、真正面から「それは違うでしょう」と保育士から批判されてしまえば、素直になれず従えないのが人間の心の動きと言える。それを分かりながら保育士が丁寧に母親の状況を察し、母親の気づきを待ったことが改善の鍵になっていた。

記載する時間の確保など課題があるが、連絡帳の活用が親に対する伝達方法としてつながっていた事例である。

（3）保育所でのメールなどによる相談

　現在伝達ツールとして様々な通信機器が家庭に普及し、親も個々のスマートフォンを持つようになった。そのためメールによる一般的な情報共有も簡単にできるようになり、広がりをもった伝達方法や対応が保育所でもできるようになった。保育所からの急な連絡は登録されているメールに送信されることで、早急に対応でき、緊急の場合に役立っている。担任保育士のメールが親へ短時間で送ることができ、親も送られてきた内容を確実に受けとることができる。

　またメールによるやり取りは、自分の話したいこと、話せることだけを記述し送信することができ、それに回答が得られる便利さがある。一方的に問題を投げかける親は、自分を中心に語れることで、触れてほしくないことは触れなくてもよいことになる。この場合、保育士側としては問題や相談状況について把握することが十分できず、見えない部分が出てきて、問題の状況を把握しきれないことがあるだろう。しかし相談を受ける保育所側は、担当する保育士の時間の余裕がある時に対応することができるため、すぐ応じなくとも時間があるときに答えればよいというメリットもある。相談内容については、簡単な回答になってしまう場合があり、相談してきた親が望む回答にならないことや、場合によっては違う回答をしてしまうことも想定される。

第3節 »»» 地域に開かれた保育所内の支援の事例

▶1　園庭解放で遊びに来た親子の事例

　保育所の近隣に住んでいる2歳C男親子は保育所の園庭解放を利用し、よく遊びに来る。C男は砂場の隅に座りシャベルで穴を掘り、掘った砂をカップに入れケーキ作りを楽しんでいた。園庭解放に初めて参加して

きた C 男と同じ 2 歳の D 子親子と一緒になった。C 男は D 子に関心がなく、いつも通りの砂掘りをし、カップに砂を詰めてケーキ作りをしていた。D 子は C 男の遊びが気になり、C 男の傍に行ったとき、C 男が作ったケーキを壊してしまった。それを見た C 男は怒り、D 子に文句めいたことを話すとともに、シャベルで掘った砂を D 子めがけて振りかけた。砂の量が多かったことで頭から全身砂だらけになり、D 子が泣き出した。D 子の母親が「乱暴な子どもとは遊ばないの」「向こうのおもちゃのある所に行こう」と D 子に話した。D 子は泣きながら母親のいうとおり移動した途端、C 男が D 子を押し、D 子は砂場にあおむけのように倒れた。再び D 子は泣きだした。すると、この様子を見ていた D 子の母親は C 男の母親に「危険なことはしないように教えるのが親の役割でしょう」「あなたが教えないから、このような危険なことをする」「親のしつけが出来ていない子どもはほんと大変ね」と言い出した。すると C 男の母親は「C 男が遊んでいるところに来て、作っていたものを壊すからこのようなことになるのよ」「良いこと、悪いことをしっかりと伝えるのが親の役割ではないかしら」と C 男の母親と D 子の母親が険悪な雰囲気になった。

　傍で様子を見ていた主任保育士が、「C 男君の作ったケーキ上手だったね」「D 子ちゃんはあまりにも素敵なケーキだったので触りたくなったのね」「D 子ちゃんが触ったら壊れたけれど、C 男くんはとっても上手に作れる天才だから、D 子ちゃんのケーキを作ってくれるよね」と 2 人に話しかけた。すると 2 人は砂場の隅に座り C 男は D 子のためのケーキ作りをし、D 子に差し出した。2 人はうれしそうにできたケーキを見つめていた。

▶ 2　親子にむけた事例の考察

　子育てをどのように理解していくか、保育士が媒介となり双方の母親に提示した関わり方である。幼いながらも 2 人の子どもが納得いく方法

を提示した場面であった。このように発達に見合う関わり方を保護者に
提示し、人間関係を広げていく子育て支援がますます必要になるのでは
ないだろうか。

演習問題

　おむつを替えてもらえず登園し、おしりがかぶれている 1 歳児がいる。
あなたが担当保育士であるとしたら、どのような具体的支援をするかを
考えてみよう。

【引用・参考文献】

　白幡久美子編集『保育士をめざす人の家庭支援』みらい、2017年

　杉本敏夫監修、豊田志保編著『考え・実践する保育相談支援』保育出版社、2014年

　流石智子監修、浦田雅夫編著『知識を生かす実力をつける子ども家庭福祉』保育出版
　　　社、2018年

　高井由紀子編著『子どもと家族をアシストする相談援助』保育出版社、2017年

（千葉千恵美）

第11章
地域における子育て支援

第1節 ≫≫ 地域子ども・子育て支援事業の概要

► 1　地域の子育て家庭の現状

　現代の日本は少子高齢化が顕著である。1990（平成2）年の1.57ショックを契機に様々な少子化対策が行われている。しかし、合計特殊出生率は依然として低く（2018年は1.42）、上昇傾向に転じることがない。また、子育て環境においては、核家族化による子育ての孤立化、地域のつながりの希薄化による人との関わりの減少が課題となっている。

　地域の子育て家庭の現状として、保護者の子育てに関する悩みについ

図表 11-1　子育てにおける保護者の悩み（発達段階別）

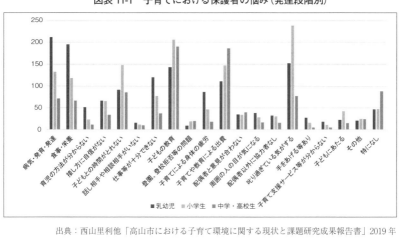

出典：西山里利他「高山市における子育て環境に関する現状と課題研究成果報告書」2019年

ての、筆者ら（2019）の調査（**図表11-1**）では、「病気・発育・発達」、「食事・栄養」、「子どもの教育」、「子育てや教育による出費」、「叱り過ぎている気がする」等が上位であった。発達段階による特徴が認められ、乳幼児では心身の健康と育ち、上の学年である小学生、中学・高校生では、教育や関わり方が主であった。先行研究においても、ほぼ同様の結果が報告されており（金谷ら、2005・牧野、2012）、保護者は子どもの健やかな成長発達、教育や子どもへの関わり等に悩みを持っていると言える。

　また、保護者のニーズでは、情報入手のしやすさ、不安や悩みの相談先、安心して預けられることや遊び場の確保等があった。

　子どもの健やかな成長発達、豊かな人間性の育成には、保護者が安心して子育てができる環境、社会が必須である。子どもには、預け先や遊び場等を通して、多様な人々と関わり様々な体験ができる環境が重要である。このような子育て家庭の課題やニーズをふまえ、子育て支援を行っていく必要がある。

▶ 2　子育て支援施策

　少子化の進行に対して、2015（平成27）年3月20日、少子化社会対策大綱が策定、閣議決定された。このうち、子育て支援施策の一層の充実が重点課題の1つとして位置づけられ、子ども・子育て支援新制度の円滑な実施を目指し、取り組まれている。2015（平成27）年4月に本格施行された子ども・子育て支援新制度（**図表11-2**）は、幼児期の学校教育・保育および地域の子ども・子育て支援の総合的な推進が掲げられている。

　地域子ども・子育て支援事業では、地域の実情に応じた支援として、市町村が事業計画を策定し、実施している。事業は利用者支援事業、地域子育て支援拠点事業、妊婦健康診査、乳児家庭全戸訪問事業、養育支援訪問事業等の13事業がある。事業の概要は図表11-3の通りである。このうち、地域子育て支援拠点事業では乳幼児およびその保護者が相互交流する場所を開設し、子育て相談、情報提供、助言等が行われている。

図表 11-2　子ども・子育て支援新制度の概要

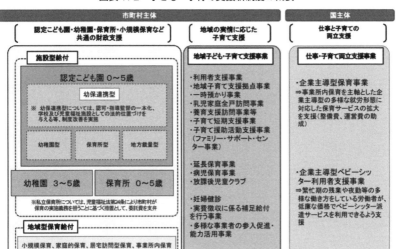

出典：内閣府『地域子ども・子育て支援事業について』2015 年

図表 11-3　地域子ども・子育て支援事業の概要

利用者支援事業	子ども又はその保護者の身近な場所で、教育・保育施設や地域の子育て支援事業等の情報提供及び必要に応じて相談・助言等を行うとともに、関係機関との連絡調整等を実施する事業です。
地域子育て支援拠点事業	乳幼児及びその保護者が相互の交流を行う場所を開設し、子育てについての相談、情報の提供、助言その他の援助を行う事業です。
妊婦健康診査	妊婦の健康の保持及び増進を図るため、妊婦に対する健康診査として、①健康状態の把握、②検査計測、③保健指導を実施するとともに、妊娠期間中の適時に必要に応じた医学的検査を実施する事業です。
乳児家庭全戸訪問事業	生後 4 か月までの乳児のいる全ての家庭を訪問し、子育て支援に関する情報提供や養育環境等の把握を行う事業です。
養育支援訪問事業	養育支援が特に必要な家庭に対して、その居宅を訪問し、養育に関する指導・助言等を行うことにより、当該家庭の適切な養育の実施を確保する事業です。
子どもを守る地域ネットワーク機能強化事業（その他要保護児童等の支援に資する事業）	要保護児童対策協議会（子どもを守る地域ネットワーク）の機能強化を図るため、調整機関職員やネットワーク構成員（関係機関）の専門性強化と、ネットワーク機関間の連携強化を図る取組を実施する事業です。
子育て短期支援事業	保護者の疾病等の理由により家庭において養育を受けることが一時的に困難となった児童について、児童養護施設等に入所させ、必要な保護を行う事業です。

ファミリー・サポート・センター事業（子育て援助活動支援事業）	乳幼児や小学生等の児童を有する子育て中の保護者を会員として、児童の預かり等の援助を受けることを希望する者と、当該援助を行うことを希望する者との相互援助活動に関する連絡、調整を行う事業です。
一時預かり事業	家庭において保育を受けることが一時的に困難となった乳幼児について、主として昼間において、認定こども園、幼稚園、保育所、地域子育て支援拠点その他の場所で一時的に預かり、必要な保護を行う事業です。※幼稚園が行う預かり保育は、一時預かり事業（幼稚園型）に再編。
延長保育事業	保育認定を受けた子どもについて、通常の利用日及び利用時間以外の日及び時間において、認定こども園、保育所等で保育を実施する事業です。
病児保育事業	病児について、病院・保育所等に付設された専用スペース等において、看護師等が一時的に保育等を実施する事業です。
放課後児童健全育成事業（放課後児童クラブ）	保護者が労働等により昼間家庭にいない小学校に就学している児童に対し、授業の終了後に小学校の余裕教室、児童館等を利用して適切な遊び及び生活の場を与えて、その健全な育成を図る事業です。
実費徴収に係る補足給付を行う事業	保護者の世帯所得の状況等を勘案して、特定教育・保育施設等に対して保護者が支払うべき日用品、文房具その他の教育・保育に必要な物品の購入に要する費用又は行事への参加に要する費用等を助成する事業です。
多様な主体が本制度に参入することを促進するための事業	多様な事業者の新規参入を支援するほか、特別な支援が必要な子どもを受け入れる認定こども園の設置者に対して、必要な費用の一部を補助する事業です。

出典：内閣府・文部科学省・厚生労働省『子ども・子育て支援新制度ハンドブック（平成27年7月改訂版）』2015年を基に筆者作成

第2節 »»» 地域子育て支援拠点事業

▶ 1　地域子育て支援拠点事業の概要

　地域子ども・子育て支援事業の1つである地域子育て支援拠点事業は、児童福祉法第6条の3第6項に基づき厚生労働省が定めた支援事業であり、2014（平成26）年から市町村で実施されている。

　事業類型は一般型と連携型であり、次の4つを基本事業としている。

　①子育て親子の交流の場の提供と交流の促進

　②子育て等に関する相談・援助の実施

　③地域の子育て関連情報の提供

図表 11-4　地域子育て支援拠点事業の実施形態（一般型・連携型）

	一般型	連携型
機能	常設の地域の子育て拠点を設け、地域の子育て支援機能の充実を図る取組を実施	児童館等の児童福祉施設等多様な子育て支援に関する施設に親子が集う場を設け、子育て支援のための取組を実施
実施主体	市町村（特別区を含む。） （社会福祉法人、NPO法人、民間事業者等への委託等も可）	
基本事業	①子育て親子の交流の場の提供と交流の促進 ③地域の子育て関連情報の提供	②子育て等に関する相談・援助の実施 ④子育て及び子育て支援に関する講習等の実施
実施形態	①～④の事業を子育て親子が集い、うち解けた雰囲気の中で語り合い、相互に交流を図る常設の場を設けて実施 ・地域の子育て拠点として地域の子育て支援活動の展開を図るための取組（加算） 　一時預かり事業や放課後児童クラブなど多様な子育て支援活動を拠点施設で一体的に実施し、関係機関等とネットワーク化を図り、よりきめ細かな子育て支援する場合に、「地域子育て支援拠点事業」本体事業に対して、別途加算を行う ・出張ひろばの実施（加算） 　常設の拠点施設を開設している主体が、週1～2回、1日5時間以上、親子が集う場を常設することが困難な地域に出向き、出張ひろばを開設 ・地域支援の取組の実施（加算）※ ①地域の多様な世代との連携を継続的に実施する取組 ②地域の団体と協働して伝統文化や習慣・行事を実施し、親子の育ちを継続的に支援する取組 ③地域ボランティアの育成、町内会、子育てサークルとの協働による地域団体の活性化など地域の子育て資源の発掘・育成を継続的に行う取組 ④家庭に対して訪問支援等を行うことで地域のつながりを継続的に持たせる取組 ※利用者支援事業を併せて実施する場合は加算しない。	①～④の事業を児童館等の児童福祉施設等で従事する職員等のバックアップを受けて効率的かつ効果的に実施 ・地域の子育て力を高める取組の実施（加算） 　拠点施設における中・高校生や大学生等ボランティアの日常的な受入・養成の実施
従事者	子育て支援に関して意欲があり、子育てに関する知識・経験を有する者（2名以上）	子育て支援に関して意欲があり、子育てに関する知識・経験を有する者（1名以上）に児童福祉施設等の職員が協力して実施
実施場所	公共施設空きスペース、商店街空き店舗、民家、マンション・アパートの一室、保育所、幼稚園、認定こども園等を活用	児童館等の児童福祉施設等
開設日数等	週3～4日、週5日、週6～7日／1日5時間以上	週3～4日、週5～7日／1日3時間以上

出典：内閣府子ども・子育て本部『子ども・子育て支援新制度について』2019 年

④子育て及び子育て支援に関する講習等の実施

　この基本事業により、子育てに関する講習会や親子の遊び、交流会、体験、サークル活動等が行われている。実施形態は、図表11-4の通りである。

　施策の数値目標は 2020 年に 8,000 か所とされ、2018（平成 30）年の実施状況は、一般型6,195か所、経過措置147か所、連携型876か所となっている。実施場所は保育所、認定こども園、幼稚園、公共施設・公民館、児童館、専用施設、空き店舗・商業施設、民家・マンション等と多岐にわたる。設置主体は自治体や民間であり、子育て家庭が利用しやすい場が設置されている。

▶ 2　一般型支援事業と連携型支援事業

　基本事業は、一般型では、子育て親子が集い、うち解けた雰囲気の中で語り合い、相互に交流を図る常設の場を設けて実施されている。一方、連携型は、児童福祉施設等で従事する子育て中の当事者や経験者をス

タッフに交えて実施されている。

　これら実施場所のうち、公共施設・公民館、児童館、空き店舗・商業施設は次のように利活用されている。

（1）公共施設・公民館

　公民館は教育基本法や社会教育法に基づき、市町村により設置された施設である。地域住民を対象とした身近な学習拠点、交流の場の役割がある。まち・ひと・しごと創生法（2014（平成26）年11月）の施行により、より地域づくり・人づくりの拠点の役割が求められている。

　公共施設では、学校や公園、児童遊園、図書館等が利活用されている。

（2）児童館

　児童館は、児童福祉法第40条に基づく児童福祉施設として設置された施設である。設置の目的は、18歳未満の全ての子どもを対象に、地域における遊びおよび生活の援助と子育て支援を行い、子どもの心身を育成し情操を豊かにすることである。種別は、地域密着型の小型児童館、体育館等を備え体力増進機能を持つ児童センター、主に県が設置する大型児童館の3つに分けられる。大型児童館は、A型児童館、B型児童館、C型児童館がある。

　2011（平成23）年3月に策定された児童館ガイドラインは、児童福祉法改正や福祉的な課題、児童館の役割等をふまえ、2018（平成30）年に改正された。ガイドラインでは、遊びによる子どもの育成、子どもの居場所の提供、子どもが意見を述べる場の提供、配慮を必要とする子どもへの対応、子育て支援の実施、地域の健全育成の環境づくり、ボランティア等の育成と活動支援、放課後児童クラブの実施と連携の8項目が示されている。このうち、子育て支援は、保護者の子育て支援、乳幼児支援、乳幼児と中・高校生世代等との触れ合い体験の取組、地域の子育て支援が行われている。

（3）専用施設

　子育て支援センターや児童家庭支援センター等の施設をいう。児童家

庭支援センターのうち、東京都に設置されている施設は子ども家庭支援センターとされる。自治体や地域によって名称は様々であり、子育て広場、子育て支援サロン等と呼ばれているところもある。

(4) 空き店舗・商業施設および民家・マンション等

近年、居場所づくりや交流の場づくりを目的として、空き店舗や古民家等の利用活用が盛んである。これらは、まちのサロンのような場として機能し、そこに集う人々が自然に交流する仕組みになっている。利用者の年齢や活動に制限はなく、子どもや親子が自由に出入りできる空間となっている。運営は自治体がNPO法人に民間委託しているケースが多い。子育て支援においては、主に一般型として機能している。

▶ 3　子育て支援を担う人・団体

地域子育て支援拠点事業において子育て支援を担う者は、保育士、幼稚園教諭、看護師、保健師、児童の遊びを指導する児童厚生員等の他、子育て支援員、子育てサポーター等がある。団体では、NPO法人や親の会、ボランティア団体等がある。

(1) 子育て支援員

子ども・子育て支援新制度に基づき、保育や子育て支援に就業する人を増やす目的で創設された。国が定める研修を受け、子育て支援員研修修了証明書の交付を受ける必要がある。

(2) 子育てサポーター

家庭教育に関する施策（文部科学省）のうち、子育て支援ネットワークの充実に関する事業の具体的施策の1つとして設けられた。対象者は子育て経験者等である。主な役割は、子育て相談、子育て支援交流事業への参加・協力、子育てに関する情報提供等である。子育てサポーターへの助言や保護者に対するカウンセリングを行う家庭教育アドバイザーもある。

96

［事例］つどいの広場（高山市高山地域）

　岐阜県高山市では、主に乳幼児親子を対象とした遊び・交流の場としてつどいの広場を設置している。地域に身近な場所で気軽に集まり、情報交換や仲間づくり、悩み相談などが行える場所である。「まちひとぷら座かんかこかん」は2003（平成15）年度に高山市街中心部に開設されたつどいの広場である。

高山市のまちひとぷら座 高山市ホームページより転載

演習問題

　地域子育て支援拠点事業の基本事業をふまえ、一般型の施設に集う親子に対する具体的な援助を挙げてみよう。

【引用・参考文献】

金谷京子、坪井敏純、吉田ゆり「子育て支援の限界と今後の課題一保育所を中心とした子育て支援活動調査から一」『保育学研究』第43巻第1号、2005年

厚生労働省「地域子育て支援拠点事業実施のご案内」2016年

厚生労働省「地域子育て拠点事業実施状況平成30年度」2019年

厚生労働省子ども家庭局「児童館ガイドライン」2018年

高山市ホームページ「つどいの広場」http://www.city.takayama.lg.jp/kurashi/1000019/1000107/1000706.html（2019.7.29最終アクセス）

内閣府・文部科学省・厚生労働省『子ども・子育て支援新制度ハンドブック（平成27年7月改訂版）』2015年

内閣府、文部科学省、厚生労働省『子ども・子育て支援制度なるほどBOOK』2016年

内閣府子ども・子育て本部『子ども・子育て支援新制度について』2019年

西山里利、峯村恒平、藤谷哲「高山市における子育て環境に関する現状と課題研究成果報告書」2019年

牧野桂一「保育現場における子育て相談と保護者支援のあり方」筑紫女学園大学・筑紫女学園大学短期大学部紀要2012年

（西山里利）

第12章
障害のある子どもとその家庭への支援

第1節 »» 障害児をとりまく社会的現状について

　学校教育法（1947年）が制定されるまで障害児は教育法の対象とされていなかった。1947年以降教育の機会は、特殊教育という分離別学の形で実現されることとなる。現在でも障害のある子どもは隔離されるべきだと考える差別意識が、一部の人々の心の中に根深く残っている。このような世論がある中、わが子に障害があると診断されることは、保護者にとって大変な不安やストレスとなる。多くの保護者は、わが子の行動や発達が気になったとしても、早期に診断を受けて支援を受けることに対して、戸惑いや恥ずかしさ、罪悪感などを感じ、障害を隠す傾向が残っている。

第2節 »» 障害の特性と理解

▶ 1　肢体不自由

　子どもの中には、自由に手足が動かなかったり、手足に麻痺があったり、身体の一部が欠損している子どもがいる。胎児の頃に母親が風疹などのウイルスに感染して発症する「脳性まひ」や、筋肉細胞の変質により次第に筋力が低下していく「進行性筋ジストロフィー」などにより、手足や身体などの不自由により将来においても続く状態を肢体不自由と

いう。

　肢体不自由の子どもは、通常、療育を受けられる通園施設や病院、特別支援学校などに通っている。しかし、近年では通常学級や特別支援学級での、受け入れが多くなり、通常の子どもたちとともに学ぶことも一般的になってきた。

▶ 2　知的障害

　知的障害とは、出生児、もしくはそれより早い胎生期において、脳に何らかの障害を受けたため知的な発達が遅れ、社会生活への適応が困難になることを指す。

　知的障害は全人口の 2.5% 程度であり、軽度のものがそのうちの 85% である。知的障害の病因としては、ダウン症のような染色体異常、遺伝子病、先天性代謝異常、感染症、家族性の知的障害などがある。

　支援をする際に重要なポイントは、発達評価を早期に行い、子どもの理解の程度がどの年齢の水準なのかを理解してから、支援内容を組み立てていく。一人ひとりの子どもに合った目標を設定し、丁寧に支援していくことが大切である。

▶ 3　視覚障害

　視覚障害とは、未熟児で生まれる、あるいは白内障など視覚の疾患によって、医療の力では回復しない永続的な視覚機能の低下があり、活動や社会生活上に制約のある状態のことを指す。視覚障害の程度は、盲と弱視に分けられる。視覚を用いて日常生活を行うことが困難なレベルの子どもを盲児とよび、光を全く感じない、光がわかる、目の前で手の動きがわかる、目の前で指の本数がわかるなど、程度に違いがある。視覚が制限されていると、色、形、立体など多くの視覚情報が伝わりにくいため、視覚以外の触る、音を聞く、など他の感覚刺激を通じ、乳幼児期から豊かな体験をすることが大切である。

▶ 4　聴覚障害

　聴覚障害とは、聞こえ能力に障害がある状態のことを指す。耳、耳神経、脳のいずれかに機能的な問題があり、聞こえない、あるいは聞こえにくいという状態になる。先天性（出生前）が原因である場合と、後天性（出生後）に発症する場合の 2 種に分けられる。

　聴覚障害の子どもとのコミュニケーションの方法は、主に 3 つある。口語といって、伝える側の人がはっきりと口を動かして声を出すことで、子どもが音声を読み取り、自らも声を出して話す方法である。丁寧に繰り返し学習することが必要で、周囲の人がはっきり、短く、具体的に、わかりやすく話をするなどの配慮が大切である。成長するにつれ、口語だけでなく、手語や筆談メールによるコミュニケーションも活用できる。

▶ 5　病弱・身体虚弱

　病弱とは、慢性疾患が長期にわたり、医療や生活規制を必要とする状態のことを指す。病気の種類は、小児ガン、腎臓病、喘息、心身症、肥満など多様であり、入院、治療、付き添いなどが繰り返されるため、母親が精神的・身体的に疲労し、不安定な状態になっている場合もある。地域のボランティア団体、福祉サービスなどを紹介し、母親だけで抱え込まないように園全体で支援体制を作ることが望ましい。

▶ 6　自閉スペクトラム症（ASD）

　障害特性の理解の中で最も重要なのが ASD（自閉スペクトラム症）の子どもたちへの理解である。ASD には、「知的障害のある ASD」「知的障害のない ASD」がある。

　1：ASD がどちらかというと重く、知的障害がある
　2：ASD がどちらかというと軽く、知的障害がある
　3：ASD がどちらかというと重く、知的障害はない

4：ASD がどちらかというと軽く、知的障害はない

　実際には、このようにはっきり分けられるわけではなく、それぞれ区切りの真ん中あたりに属すると思われる子どもは大勢いる。健常な子どもから重度の自閉症がある子どもまでの間には、はっきりとした境界はなく、境界線は連続体であるため、自閉スペクトラム症（ASD）あるいは自閉症連続体と表現することがある。

　ASD 児に対しては、安心できるスペースを保育室に作ることが有効である。一時避難できる部屋が周囲にあれば「感覚過敏」と言われる感覚の違いを和らげることができる。休む場所があること、安心できる人が近くにいることが重要である。

▶ 7　注意欠如・多動症（ADHD）

　星山（2017）によると ADHD には次の３つのタイプがあるとされる。
① 　不注意が優位なタイプ
② 　多動性・衝動性が優位なタイプ
③ 　両方の症状を持っているタイプ
ADHD にあった支援には、次のようなものがある。
・　時間の区切りを明確にする
・　１つの活動時間を短くして、場面切り替えを早くする
・　その都度、本人にわかるようにすぐほめる
・　静かにする場面と動く場面を繰り返し入れる

　一番効果があるのは、ほめて伸ばす、認めて伸ばすなどの肯定的な働きかけを丁寧に行うことである。良い行動を教え、できなくても保育者はイライラせず、おおらかな気持ちで待つ。少しでも改善するためのそぶりを見せたら、すぐ認めてほめること、これを繰り返し根気強く続ける。ADHD の子どもたちは、周囲に認められたり、人の役に立つ役目を与えられる機会を増やしたりすると、本来の能力を発揮する。

► 8　学習障害（LD）

　LD とは、聞く、読む、書く、計算する、推論するなど、特定の学習能力を習得することに困難のある障害を指す。星山（2017）によると LD の子どもの特徴として

- ・　聞こえていても、言葉の意味の正しい理解ができない
- ・　言いたいことを表現することが苦手
- ・　話の組み立てが難しい
- ・　○や△のような形を認識できない
- ・　歌やダンスを覚えられない
- ・　行事などの際、隊列移動などの方向がわからない

　乳幼児期は、文字文化に触れる機会が学童期に比べ少ないため気づきづらい。その点に難しさがあるが、やるべきことを絵や図で掲示する、言葉で説明するだけでなく歌って聞かせるなどクラスで取り入れられることもある。また、医療機関や学校で専門的な指導を受けられれば、本人の努力と成果を丁寧にみて理解度を診断するため、苦手な分野は少しずつ得意な分野でカバーしながら、学習成果を上げることができる。

第3節 »»» 支援の方法

► 1　心の支援

　障害の有無にかかわらず、子どもは愛情に包まれて、その存在を無条件に受容される環境が必要である。障害そのものを治すことはできなくても、保育士の丁寧な関わりによって母子を支援していくことが大切である。

▶ 2　発達支援

　特別支援の必要な子どもは、同年齢の子どもたちの発達とスピードや順序が異なる。同集団で同じ課題ができることを求められる活動は、特別支援の必要な子どもたちの能力を伸ばすことにつながらず、自尊感情を低下させ、2次障害を起こすこともある。発表会や運動会など同一の動きや成果を求められる活動は、無理に参加させるのではなく、それぞれの子どもに応じた参加の方法を考えていくのがよい。

▶ 3　行動への支援

　困った行動を見て見ぬ振りをすることは難しいかもしれないが、叱るというネガティブな行為をせずに、ほめるというポジティブな関わり方をしていく。つまり「○○はよくできたね。今度は△△してみよう」と良かったこと、頑張ったことを認める言葉をかけてから、直してほしい行動についてのメッセージを伝える。ほめて良い行動を増やすことにより、困った行動を減らしていく支援をすることを勧めたい。

▶ 4　環境調整による支援

　環境による支援は、「構造化」が鍵となる。空間を区切り、落ち着ける場所を確保する「場所の構造化」、時間という漠然とした概念を区切り、計画を立て、提示する「時間の構造化」、どんな量で、どんな内容でいつ終わるのか、終わった後に何をするのかを明らかにする「課題・活動の構造化」生活の中で、振る舞い方・コミュニケーションの取り方など、子供に必要な情報を絵や写真・文字などで提示する「視覚的な構造化」が有効となる。そのような環境の工夫により、子どもは安心し、見通しを持って行動することができるようになる。

▶5　周囲の人の連携による支援

　子どもの育つ良い環境を調整するのは、保護者や保育士である。子どもへの支援は、保護士・保育士・専門職などがお互いに連携して行うことが基本である。地域にある、保健センター、療育センター、特別支援学校、児童相談所、子育て支援センター、教育センター、医療機関などの縦のつながりに注目したい。保育者・保護者は、他職種と連携し、子どものためのサポートネットを築いていくことが非常に重要となる。

▶6　事例

　A君はASDの5歳児である。登園時、朝のあいさつもそこそこに気に入っているおもちゃを取りに行ったり保育室をあちこち動き回ったりして、朝の支度に時間がかかる。十分に遊ぶ時間がないまま、朝の会が始まると、泣き叫びクラスの友だちは困ってしまう。保護者と保育士とは逐一連絡をとっており、よく母親から聞かれることとして欲しいものがあると、「買って！買って！」と大声で叫んだり、床に寝転がり手足をバタバタしたりと自分の気持ちを押し通そうとするとのこと。担任もA君の気持ちをどのように立て直したら良いか悩んでいる。

（保育士の願い）

・保育士やクラスの友だちと一緒に安定した気持ちで1日をスタートさせてあげたい。

・登園してからA君が自分でやるべきことがわかり、自分から取り組めるようにしたい。

（支援のポイント）

・その日の生活に期待を持たせるような言葉かけ。

・活動の流れを明確にした視覚的教材の活用。

・共感的な理解に基づいた、信頼関係づくり。

演習問題

　あなたが 6 の事例の A 君の保育士であるとしたら具体的にどのような方法で関わっていきたいですか？

【引用・参考文献】

　星山麻木編著『障害児保育ワークブック第2版』萌文書林、2017年

　柘植雅義著『特別支援教育多様なニーズへの挑戦』中公新書、2013年

　梅永雄二、島田博祐、森下由規子『みんなで考える特別支援教育』北樹出版、2019年

（古谷　淳）

第13章

特別な配慮を要する子育て家庭への支援

第1節 »»» 保育士による生活問題の支援

▶1 多種多様な生活問題

　近年、子どもの数は減少しているが、子どもや家庭が抱える「生活問題」は複雑・多様化している。例えば、子育ての方法が分からずストレスを感じている人、経済的困窮により日常生活がままならない人、病気や障害により育児が十分にできない人、日本に移住し育児に不安を抱える外国籍の人、育児と介護の両立に苦しむ人など、様々な生活問題が山積している。これらの生活問題について、どう対応すればよいのか困るかもしれないが、目の前で苦しんでいる子どもや保護者をそのままにしておくことはできない。保育士は生活問題の解決を第一とするソーシャルワーカーではない。しかしながら保護者の子育てに関わる専門職として、保護者が抱える生活問題に向き合い支援を行う必要がある。

▶2 相談支援のポイント

　保護者への相談支援を行う上で大切なのが保護者との信頼関係である。この信頼関係をつくるためには、どのような姿勢が大切なのだろうか。

（1）一人ひとりを大切にする姿勢

　保育士には、「一人ひとり」を大切にする姿勢が必要である。例えば、相談支援の場面において、「保護者は○○だ」と一括りに捉えるのではなく、「Aさん」「Bさん」という個別の捉え方をすることが大切である。

このAさん、Bさんは、性格、価値観、生活環境、さらには抱える不安や悩みも大きく異なる。例えば、同じ発達障害のある子どもを持つ母親の場合でも、障害を肯定的に捉えている人もいれば、否定的に捉えている人もいる。また、子育てに周囲の理解や協力が得られている人もいれば、夫にすら理解・協力してもらえず孤独感を抱いている人もいる。保育士は、一人ひとりの違いを意識し関わることが大切である。

(2) じっくりと話を聴く姿勢

相談支援は、保護者の心の中にある思いや感情を表に出してもらうことから始まる。つまり、「この保育士だったら聴いてもらえそう……」と思ってもらえるような関わり方が大切である。保育士は、保護者の気持ちを汲み取りながら話を聴く傾聴、保護者の思いや感情を否定せず受け入れる受容、保護者の思いや感情を自分のことのように感じる共感といった、基本的態度を身につけ実践する必要がある。

(3) 一緒に考えていく姿勢

相談支援ではあくまでも主役は保護者であり、保育士は側面的に支援する存在である。つまり、保護者に対して「○○しなければならない」という一方的な関わり方をするのではなく、「一緒に考えていきましょう」という温かな姿勢を示すことが大切である。この保護者と保育士の相互のやり取りが、保護者の心の支えとなり、生活問題に向き合う意欲を高めることになる。

本章では2つの事例を挙げる。学生同志、学生と教員とで議論し、様々な関わり方、解決法を考えてほしい。

第2節 »»» うつ傾向にある保護者への支援

▶ 1　保護者の育児負担と不安

　厚生労働省の「人口減少社会に関する意識調査」（2015）によると、0歳〜15歳の子育て家庭において、「子育てをしていて負担・不安に思うこと」について、「どちらかといえばある」が43.6％、「とてもある」が28.8％となっており、約7割の人が負担や不安を感じていることがわかる。そしてその負担や不安の具体的な内容は、「子育ての出費がかさむ」が46.2％、「将来予想される子どもにかかる経済的負担」が40.8％となっている。また、「自分の自由な時間がもてない」が30.1％、「子育てによる精神的疲れが大きい」が27.8％、「子育てに自信が持てない」14.7％となっており多岐にわたっている。

　このような育児への負担や不安が蓄積されることで、うつ病などの精神疾患を発症したり、子どもに手を挙げるなどの児童虐待に繋がることもある。このことからも保育士は、保護者が抱える育児の負担や不安について、その気持ちを受けとめ、一緒に考え、乗り越えていく姿勢が大切である。

▶ 2　事例検討

〈家族状況〉

　母親（28歳）、父親（32歳）、ユウト君（4歳）、両親は4年前に結婚した。

〈保護者との対応場面〉

　ユウト君は、いつも母親に連れられて登園していた。しかし、1か月ほど前から父親が連れてくることが多くなっていた。担当保育士は、父親に「最近、お父さんがよく連れていらっしゃいますね。

お母さんはお元気ですか？」と声をかけると、「最近、妻はうつ傾向で、何もやる気が湧かないようです……調子の良いときはいいのですが……」と表情が曇った。ユウト君はこれまで、母親の手作りのお弁当を持ってきていたが、最近は、おにぎりやパンを持ってくることが多くなっていた。忘れ物も増え、前日と同じ服を着ていることも多く、担当保育士は、ユウト君の変化が気になっていた。そこで担当保育士は、父親に、「一度、お母さんの調子が良い時に、お話をさせていただけませんか？お力になれることもあるかもしれません……」と声をかけた。そして、後日、両親と面接をすることになった。

　夫に伴われやってきた母親の姿は、表情が乏しく、少し痩せたようであった。母親の話によると、半年前に実の母親を亡くしてから、何事もやる気が起きないという。家事もやる気になれず、部屋にはゴミや洗濯物が溜まりつつあるという。ユウト君には手作りのお弁当を持たせたいが、母親は夜の寝つきが悪く、朝起きるのも大変だという。最近は、子どもとの関わりも避けていることから、ユウト君は父親に懐くようになり、母親は孤独感を深めているという。「子どもが可愛くない……子育てがしんどい……もういなくなりたい……」と、涙を流しながら話す母親に、担当保育士は言葉が詰まった。

　一方の父親も育児が辛いという。朝、保育園に連れていくことは気にならないが、夕方は早めに退社しなければならず、残業ができず仕事が溜まっているという。これまで育児や家事は全て妻に任せきりであったため、部屋は散らかり、食事はお弁当で済ませることが多いという。こうしたことから苛立ちが募り、妻に「しっかりしろ！」とあたってしまうこともある。父親も今後どうすれば良いのか悩んでいる。

　保育園でのユウト君は、活発で友達とも仲良くできているが、保育士は、今の状況を放置することは良くないと感じていた。

この事例では、まず、うつに対する理解が必要になる。つまり、どのような症状があり、どのように関われば良いのかを理解した上で、母親に寄り添った支援が求められる。また、父親の妻の病気に対する理解はどうなのか、それを見ているユウト君の気持ちはどうなのかまで意識する必要がある。さらには、日常生活面においても、育児や家事が滞っており、家族生活全体を意識した幅広い支援が求められる。

演習問題1　上に挙げたこと以外も含めて、この家族はどのような問題を抱えており、保育士はどのような支援ができるのか考えてみよう。

第3節 »»» 外国にルーツをもつ子どもの保護者への支援

▶1　外国籍の保護者およびその子どもの現状

　法務省の「在留外国人統計」によると、2018年12月の在留外国人の数は273万1093人であり、2013年12月の206万6,445人と比べると66万4,648人増加している。また、年齢別でみても、2018年12月の0歳～5歳の数は10万6,523人と、2013年12月の8万1,490人と比べて2万5,033人増加しており、年々増加傾向にある。

　外国籍の保護者は、言葉の違い、文化の違い、子育ての違いなどで戸惑うことが多い。逆の立場で考えてみると、もしもあなたが、他国で生活しながら子育てをすることになった場合、なんの不安も感じずにいられるだろうか。きっと多くの人は、遠い異国の地で知り合いもいない、日本語も通じないことに不安や孤独感を抱くのではないだろうか。そんな時、現地の人が優しく声をかけてくれることで、"ホッと"するかもしれない。それと同じように保護者の中には、日本での生活に不安や孤

独を感じている人も多い。保育士は保護者の気持ちを汲み取り、安心して育児ができるよう積極的に関わる必要がある。

▶2 事例検討

〈家族の状況〉

母親（27歳）フィリピン人、離婚した父親（32歳）日本人、ミサキちゃん（4歳）、母親は5年程前に日本人男性と結婚し来日した。その後、ミサキちゃんが生まれたが離婚した。

〈保護者との対応場面〉

ミサキちゃんは、最近になって忘れ物が目立つようになってきた。担当保育士は、何度も母親に口頭で持ってくるものを伝えているが、伝わっていないようである。普段から担当保育士は、母親との関わりを持ちたいという気持ちはあったが、母親は複雑な日本語が分からず、担当保育士も母親に対して苦手意識をもっていた。しかし、ミサキちゃんの忘れ物が多くなってきたこと、送迎時の母親の姿に疲れが見られることが心配であった。そのため、園長、主任に相談し、母親と面接をすることにした。面接には、フィリピン語が分かる通訳者も同席した。

父親とは、2か月前に離婚している。父親は育児は女性がするものと考えており、うまく出来ない母親に苛立ちを募らせ、暴力を振るうようになった。ミサキちゃんにも強い口調で怒鳴ることが多くなったという。悩んだ末に母国の両親や兄弟にも相談し離婚した。離婚してからは身近な日本人との繋がりが無くなり孤立している。保育園からの連絡帳に書かれていることも理解できず、担当保育士が話していることもよく分からなかったという。担当保育士に、聞き直したいと思ったこともあったが、聞き直してもどうせ意味が分からないだろうという諦めの思いがあった。母親は育児への不安やストレスが高まっているという。

　現在、母親は精密機械の部品を組み立てる工場でパートをしている。朝早くから夕方まで働いているが、ミサキちゃんを保育園に迎えにいくために、毎日、定時に退社している。しかし、1週間前に職場の上司から、「残業をしてほしい。残業できないなら辞めてほしい」と言われ、悩んでいる。現在は、パートの給料とわずかな貯金を切り崩して生活しており、少しでも給料の良い仕事に変わりたいが、どのように探せばよいのか分からないようである。

　職場では、ひたすら部品の組み立てをするため、人と会話をすることもなく、日本語も上手くならないようである。母親は日本語が上手になりたいと考えているが、時間もお金もなく日本語の教室には通えないという。ミサキちゃんは保育園から帰ってくると、園での出来事をたくさん話してくれる。しかし、ミサキちゃんは日本語で話すため、話の内容を十分に理解してやれず辛いという。

　ミサキちゃんは園では、友達とも仲良くしており、元気に過ごしている。しかし母親には、育児の不安や悩みを相談できる人がいない。身近に一人でも気軽に話ができる人がいればと思っている。

　この事例では、まず、離婚前に母親は夫の暴力の対象となり、ミサキちゃんも虐待の対象になっていたことを心に留めておく必要がある。普段の保育場面においては、担当保育士と母親との意思疎通の不十分さがある。そのため、母親にどのように情報を伝え理解してもらうかの工夫が必要となる。また、母親とミサキちゃんとの関係においても、日本語が十分に分からず不安を抱えており、幅広い視点からの支援が求められる。

　演習問題2　上に挙げたこと以外も含めて、この家族はどのような問題を抱えており、保育士はどのような支援ができるのか考えてみよう。

　保育の現場では様々な生活問題を抱えた家族と出会うことになる。その問題も、容易に解決できるものではなく、保護者の話を聴き、気持ちを受け止め、状況を把握し、必要な支援を考え、実行するというように、時間と労力が必要になる。普段の子どもの保育に加えて、このような家庭への支援は、精神的・身体的にも大きな負担となる。そこで心に留めておいてほしいのが、一人で抱え込まず、先輩や同僚、園長を頼ることである。勇気をもって相談することで気持ちが楽になったり、これからどのように関われば良いのかを皆で考える機会にもなる。また、情報を共有することで生活問題の解決に共同で取り組みやすくもなる。一人で抱え込む支援は自らを苦しめたり、支援が滞ることで保護者や子どもをさらに苦しめることにもなりかねない。家庭を支援する際には、"誰のため"に支援をするのか、また、その中心には子どもがいることを忘れず、協力して取り組んでいくことが大切である。

【引用・参考文献】

白幡久美子編著『改訂　保育士をめざす人の家庭支援』みらい、2017年

咲間まり子編著『事例で学ぶ【保育相談支援】』大学図書出版、2016年

厚生労働省「人口減少社会に関する意識調査」

　〈https://www.mhlw.go.jp/stf/houdou/0000101729.html〉

　（2019.7.27最終アクセス）

法務省「在留外国人統計」

　〈http://www.moj.go.jp/housei/toukei/toukei_ichiran_touroku.html〉

　（2019.8.1最終アクセス）

（中村年男）

第14章
子ども虐待への予防と支援

第1節 »» 子ども虐待支援の３つの段階

► 1　３つの段階

　2018 年度中に、全国 212 か所の児童相談所が児童虐待相談として対応した件数は 15 万 9,850 件（速報値）で、1990 年度から統計を取り始めて最多の件数となっている。児童虐待は、子どもの心身の発達と人格の形成に重大な影響を与え、子どもの一生涯、さらには世代を超えて深刻な影響をもたらすこともある。児童虐待の対応については、発生予防から早期発見・早期介入・保護、そして介入後の支援が基本的な考え方であり、深刻化する前により早い段階から関わることが求められる。妊娠初期から子育て期において、それぞれの段階に対応した支援や、サービスの情報や助言が、子育て家族に伝わり理解されるよう、現状の支援の在り方を利用者の視点で検討する必要がある。また、子どもが健全に生活できるために、切れ目のない援助が必要とされている。

　図表 14-1 は児童虐待の対応について段階ごとに表したものである。

図表 14-1　児童虐待対応の基本的な考え方

発生予防
地域子育て支援の強化
ハイリスク家庭・親への支援教育

早期発見・早期対応
発見の場
児童相談所市区町村

保護・自立支援
在宅支援（市区町村）
社会的養護（施設・里親）など

出典：子ども虐待の発見と支援増沢高氏（子ども虹情報センター）を基に筆者作成

児童虐待対応の３つの段階

(1) 発生予防の段階

①子育て支援の強化

・育児不安、孤立化の防止、養育者へのサポート

②ハイリスクの家庭や親への支援

・早期発見と支援、リスクアセスメントの充実、地域や行政のサポートの充実

③「子育て」教育

・乳児に関わる体験と情動を育む（相手の感情を読み取る力をつけるなど）教育

(2) 早期発見・早期対応の段階

①発見の場として、地域住民、医療機関、保健機関、保育園、幼稚園、学校など

・要保護児童の通告の義務（児童福祉法第 25 条）

・「児童虐待を受けた児童を発見した者は」が「児童虐待を受けたと思われる児童を発見した者は」に変更（虐待防止法第 6 条〈19 年改正〉）

・児童相談所全国共通ダイヤル（「１８９」いちはやく）

②調査・介入：市町村、児童相談所

・立ち入り調査など

(3) 保護・自立支援の段階

・児童相談所、警察、家庭裁判所など

・児童福祉施設、里親、ファミリーホーム、自立援助ホームなど

第2節 >>> 具体的な児童虐待防止対策の取り組み

▶ 1　発生予防

　すべての乳児のいる家庭を訪問することにより、子育て支援に関する情報提供や養育環境の把握、相談助言を行う乳児家庭全戸訪問事業（こんにちは赤ちゃん事業）や養育支援が必要な家庭に対して訪問による養育に関する相談、指導・助言等を行う養育支援訪問事業を推進するとともに子育て中の親子が相談・交流できる地域子育て支援拠点の整備などにより、子育て不安の軽減や地域からの孤立化の解消を図っている（地域子ども・子育て支援事業）。

　また、2016 年の児童福祉法等の改正により、市町村は、妊娠期から子育て期までの切れ目ない支援を行う母子健康包括支援センター（母子保健法 22 条一般的には「子育て世代包括支援センター」という）の設置に努めるものとされ、産前・産後のサポート事業を実施することとされている。

（1）子育て世代包括支援センターの役割

　児童虐待防止対策の取り組みの 1 つとして 2017 年 4 月、子育て世代包括支援センター設置が法制化し、新たな母子保健領域での動きがある。子育て世代包括支援センターについては、「少子化社会対策大綱」（平成 27 年 3 月 20 日閣議決定）及び「まち・ひと・しごと創生総合戦略（2015 年改訂版）」（平成 27 年 12 月 24 日）において、おおむね 2020 年度末までに、地域の実情等を踏まえながら、全国展開を目指すこととされている。子育て世代包括支援センターの役割として、妊娠初期から子育て期にわたり、妊娠の届出等の機会に得た情報を基に、①妊産婦・乳幼児等の実情

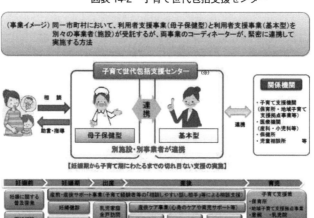

図表 14-2　子育て世代包括支援センター

※市区町村子ども家庭総合支援拠点と一体的に支援を実施することが望ましい
出典：厚生労働省「子育て世代包括支援センター業務ガイドライン」

を把握すること、②妊娠、出産、子育てに関する各種の相談に応じ、必要な情報提供・助言・保健指導を行うこと、③支援プランを策定すること、④保健医療又は福祉の関係機関との連絡調整を行うこと、としている。母子保健法に基づき市町村が設置するもので、保健師等の専門スタッフが妊娠・出産・育児に関する様々な相談に対応し、必要に応じて支援プランの策定や地域の保健医療福祉の関係機関との連絡調整を行うなど、妊娠期から子育て期にわたる切れ目のない支援を一体的に提供している。

(2) フィンランドネウボラの例

　ここで、子育て世代包括支援センターの1つのモデルともなるフィンランドのネウボラを紹介したい。海外の子育て事情は、日本とは大きく異なりその背景には国ごとの制度・文化の違いがあり、そのまま日本に当てはめることはできないが、その特徴を理解し、今後の子育て支援のあり方を考える上で、参考になるヒントは得られるのではないだろうか。

　フィンランドにおける子育て支援は、多職種が連携する包括的な支援策である。この支援策は、ネウボラと呼ばれ、妊娠期から就学前までの

支援を、原則として同じネウボラスタッフが担当するという独自のシステムを展開している。ネウボラは出産ネウボラ、子どもネウボラなど、その対応時期に応じて存在していたが、家族の形態の多様化や社会情勢の変化により、同施策の取り組みが拡充され他職種間の連携や家庭への支援がより強く包含されることとなった。また虐待、家庭内暴力（DV）、アルコール・薬物依存など大きな問題になれば家族ネウボラへとシフトしていく。

▶ 2　早期発見・早期対応

　虐待対応の中核である児童相談所（一時保護施設を含む）の児童福祉司数などの体制や専門性は、必ずしも十分とはいえない状況にある。このため、児童福祉司の配置標準について、人口に加え、虐待相談対応を考慮し、体制を強化するとともに、弁護士などの専門職の配置や児童福祉司などの研修受講の義務化により、専門の向上などが進められている。

(1) 発見の場

　学校、児童福祉施設、病院その他児童の福祉に業務上関係のある団体及び学校の教職員、児童福祉施設の職員、医師、保健師、弁護士その他児童の福祉に職務上関係のある者は、児童虐待を発見しやすい立場にあることを自覚し、児童虐待の早期発見に努めなければならない（「児童虐待の防止等に関する法律」以下「同法」とする第5条第1項）としている。また保育所は、これら機関による支援や施策に協力しなければならないこととしており、保育所が単独で問題を抱え続けることとは異なり、児童虐待の事例に対処するためのチームが組まれ、複数の機関の協働によって対処されるようになる。

(2) 保育所・保育士の役割

　保育所において虐待の発見は、日頃の関わりの中での保育士の気づきがきっかけになることが多い。

　保育所での児童虐待発見の機会は朝夕の送迎時だけでなく、日常的な

関わりの中で展開される。例えば、個人連絡ノート、クラス便り、行事などで情報を得ることもある。また、保護者の参加する親子遠足、運動会、保護者懇談会、個人面談、家庭訪問、保育参観、保育参加なども相談援助が展開される場面である。

(3) 要保護児童対策地域協議会（子どもを守る地域ネットワーク）

　通告後児童相談所などとの協力・連携を図った取り組みや「要保護児童対策地域協議会（子どもを守る地域ネットワーク）などとの連携が求められる。要保護児童対策地域協議会は2004年の児童福祉法の一部改正により法定化されたもので「児童福祉法」第25条の2の規定に基づく制度である。虐待を受けた子どもなどに対する市町村の体制強化を固めるため、関係機関が連携を図り、児童虐待などへの対応を行うためのネットワークである。2007年の改正では努力義務となった。

　要保護児童対策地域協議会の意義は以下のような点である。

・要保護児童等を早期に発見することができる。
・要保護児童等に対し、迅速に支援を開始することができる。
・各関係機関等が連携を取り合うことで情報の共有化が図られる。
・情報の共有化を通じて、それぞれの関係機関等の間で、それぞれの役割分担について共通の理解を得ることができる。
・関係機関等の役割分担を通じて、それぞれの機関が責任をもって関わることのできる体制づくりができる。
・情報の共有化を通じて、関係機関等が同一の認識の下に、役割分担しながら支援を行うため、支援を受ける家庭にとってより良い支援が受けられやすくなる。
・関係機関等が分担をしあって個別の事例に関わることで、それぞれの機関の限界や大変さを分かち合うことができる。

(4) 通告義務

　児童虐待を受けたと思われる児童を発見した者は、速やかに、これを市町村、都道府県の設置する福祉事務所もしくは児童相談所又は児童委

員を介して市町村、都道府県の設置する福祉事務所若しくは児童相談所に通告しなければならない（同法第6条）としており、「児童福祉法」の第25条でも、「要保護児童を発見した者は、これを市町村、都道府県の設置する福祉事務所若しくは児童相談所又は児童委員を介して市町村、都道府県の設置する福祉事務所若しくは児童相談所に通告しなければならない」（以下省略）としている。

(5) 児童虐待防止のための教育・啓発

　学校及び児童福祉施設は、児童及び保護者に対して、児童虐待の防止のための教育又は啓発に努めなければならない（第5条第3項）とある。

　厚生労働省では、毎年11月を「児童虐待防止推進月間」と定め、オレンジリボン運動など期間中に児童虐待防止のための広報・啓発活動など種々の取組を集中的に実施しており、地域でも児童相談所や保健所・児童福祉施設などが「児童虐待を防ぐために」などをテーマに、講演会やシンポジウムなどを開催し、児童虐待防止のための広報・啓発活動などを行っている。

▶ 3　保護、自立支援

　児童相談所における児童虐待の相談では在宅による援助が約9割、親子分離による援助が約1割とされている。

　親子分離による援助においては一時保護ののち、家族の再統合を視野に、里親等への委託や児童養護施設などの受け入れ態勢の整備や充実を図るため、① 2016年の児童福祉法の改正において、養子縁組里親を法定化するとともに、都道府県（児童相談所）の業務として、里親の開拓から児童の自立支援までの一貫した里親支援を行う、②家庭的な雰囲気の下できめ細やかなケアが可能な地域小規模児童養護施設の拡充、③保護者等に対するカウンセリングなど家族再統合への取り組みを進めるとともに、虐待の再発防止のため、保護者を定期的に指導、支援する児童相談所職員の配置などが進められている。

演習問題

子どもの虐待の予防と支援に関わる社会資源について調べてみよう。
またその機関・施設が３つのどの段階（発生予防、早期発見・早期介入、
保護・自立支援）に関わるものであるか調べてみよう。

機関名	目的	主な専門職	３つの段階
児童相談所			
保育所			
保健所・保健センター			
児童館			
乳児院			
児童養護施設			
市町村社会福祉協議会			
子育て支援センター			
家庭裁判所			
NPO 法人			
民生・児童委員			

【引用・参考文献】

大嶋恭二・金子恵美編著『保育相談支援』建帛社、2011 年

社会福祉士養成講座編集委員会（編）『新・社会福祉士養成講座７相談援助の理論と方
　　法Ⅰ第２版』中央法規出版、2011 年

林 邦雄・谷田貝公昭監修、髙玉和子・和田上貴昭編著『相談援助』一藝社、2018 年

厚生労働省「子育て世代包括支援センター業務ガイドライン」
　　〈https://www.mhlw.go.jp/file/06-Seisakujouhou-11900000-Koyoukintoujidoukatei
　　kyoku/kosodatesedaigaidorain.pdf〉（最終アクセス 2019. 8. 26）

増沢高（子どもの虹情報研修センター）「子ども虐待の発見と支援」
　　〈http://www.niye.go.jp/kikaku_houkoku/upload/project/282/282_21.pdf〉（最終
　　アクセス 2019. 8. 26）

現代保育問題研究会編『保育をめぐる諸問題Ⅱ』一藝社、2019 年

（佐久間美智雄）

第15章

要保護児童等の家庭への支援

第1節 »» 日本の社会的状況と子ども

▶ 1 社会的養護とは

　「社会的養護とは、保護者のない児童や、保護者に監護させることが適当でない児童を、公的責任で社会的に養育し、保護するとともに、養育に大きな困難を抱える家庭への支援を行うこと」（厚生労働省）である。その際に、子ども一人ひとりの基本的人権を尊重することが大前提とし

図表 15-1　家族と同様の環境における教育の推進

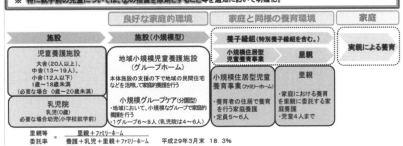

出典：厚生労働省子ども家庭局家庭福祉課「社会的養育の推進に向けて（平成31年4月）」2019年

て挙げられる。養護という言葉は養育と保護を合わせた言葉となっている。

　また児童福祉法第2条が示しているとおり、国および地方公共団体は、「保護者とともに児童を心身ともに健やかに育成する責任」を持つことから、家庭支援を補完し得る。

　社会的養護には、家庭養育を支援する相談援助、ショートステイ、トワイライトステイなどの事業と、通所型の保育所や児童発達支援センターなどの事業に加え、里親やファミリーホームなどの施設および事業が挙げられる。

　厚生労働省による政策「社会的養育の推進に向けて」の中にある、「家庭と同様の環境における養育の推進」(図表15-1)について見てみると、より家庭に近いかたちでの養育の推進が目指されている。一方で、社会的養育が求められる9割の子ども達が、施設に入所しているというのが今日の現実である。社会的養育の視点でみてみると、家庭における子育てを補完するのが、社会的養護である。すなわち国や厚生労働省は、家庭での養育を一番に想定している。しかしながら、こうした考えがしつけの名の下に行われる虐待事件などの諸問題を誘発する考えであることも指摘しなければならない。

▶ 2　子どもの育成環境の現状

　要保護児童等の家庭への支援について理解するために、まず子どもをとりまく日本の社会的状況を理解する必要がある。日本経済について考えてみると、GDPはアメリカ、中国に続き、世界第3位である。早い話が、日本は世界で3番目に経済的に豊かな国ということになろう。この事実を知ると、「日本は恵まれている」と考えるかもしれない。しかし、「自分が幸せか否か」を測る統計に「幸福度調査」というのがある。幸福度調査はそれぞれ民間のシンクタンクが行っているので差はあるものの、日本は、75位〜90位くらいに位置している。すなわち、日本社

会で生きる人々は、「自分は幸福ではない」と感じていると言わざるを
えない。

　すなわち国の経済が豊かだからといって、暮らしている人々は幸福と
は限らないということが分かる。また、経済の恩恵を受けているのは、
一部の人しか利益を享受できていないのが現状である。例えば、独身女
性（シングルマザー含む）の 3 人に 1 人が、世帯年収 200 万を切る生活、
すなわち貧困状態なのである。こうした現状から日本でも社会的格差の
問題が存在し、貧困問題も現実的な課題であるといえる。そして、こう
した諸問題は、子どもにダイレクトに影響を与える。これを象徴するよ
うに、厚生労働省が公表している、「子どもの相対的貧困率」という貧
困状況にある子ども達の割合を占めす数字を見てみると、2014 年度の
数値はデータをとりはじめた 1985 年以来過去最悪となっている（山野、
2014）。

第2節»» 子どもの貧困を防ぐために

　憲法第 25 条では、「日本国民は健康で文化的な最低限度の生活を営む
権利を有する」とある。しかし、日本の多くの子どもを取り巻く貧困の
状態は、「健康」でもなければ、「文化的」とは程遠い。

　こうした現状を踏まえたうえで、貧困状態におかれた子ども達に支援
を行うことが必要である。

　一方、貧困状態に置かれている子どもの状況について、親たちの経済
的ストレスと関連し、子ども達への虐待やネグレクトが起きている。貧
困から、地域社会はおろか、親類との繋がりも絶たれてしまうことがあ
る。さらに衣食住が満たされず、結果として子どもの成長・発達の問題
につながっていくことが指摘されている（山野、2014）。

　貧困は様々な問題を併発する恐れがあるが貧困状態にいる子どもを発

見し、支援を行っていくことが大切である。公的な福祉制度とは別に「地域の見守り」というかたちで、周りの人達とのつながりによって命を守られている子どももいる。

第3節 »»» 地域社会で子どもを見守る

▶ 1　要保護児童等の家庭に対する保育所の役割

　里子に保育の必要性が生じた場合、厚生労働省では「里親に委託されている児童が保育所へ入所する場合」という政策文書を出している。「里親の就労等により里親に委託されている児童の保育の必要性が生じた場合において、当該児童の最善の利益の観点から、当該里親への委託を継続することが適切と認められる場合には、当該児童につき里親に委託されていることが、保育所（子ども・子育て支援法平成 24 年法律第 65 号に定める特定教育・保育施設【幼稚園を除く】及び特定地域型保育事業 を行う事業所をいう。以下同）へ入所することを妨げないものとすること。児童を既に就労している里親に委託することが、当該児童の最善の利益に適うと認められる場合についても、同様の取り扱いであること。本取扱いを行うに際しては、児童相談所と市町村の間で十分に連携を図り、当該児童について最善の措置を採ること」とある。また児童養護施設運営指針は、児童養護施設における養育・支援の内容と運営に関する指針を定めるものである。社会的養護を担う児童養護施設における運営の理念や方法、手順などを社会に開示し、質の確保と向上に資するとともに、また、説明責任を果たすことにもつながるものである」としている。さらに「この指針は、そこで暮らし、そこから巣立っていく子どもたちにとって、よりよく生きること（well-being）を保障するものでなければならない。また社会的養護には、社会や国民の理解と支援が不可欠である

ため、児童養護施設を社会に開かれたものとし、地域や社会との連携を深めていく努力が必要である。」とある。こうしたことを受け、保育士には児童養護施設で生活している子どもを受け持った際、児童養護施設の職員と連携し、当該児童が児童養護施設に入所するに至った背景を理解しつつ、地域社会で子どもを見守ることが必要である。

▶2　貧困状態におかれた子どもの見守り

　本項では、北海道 A 町（限界集落）において、貧困状態に置かれた子どもと、大都市圏において貧困状態にある保育所に通う子どもについてみていく。

(1) 事例：生活保護世帯の子ども

　X 君は、祖母の代より 3 世代にわたり「ひとり親家庭」かつ、「生活保護世帯」である。貧困からの脱却に向けて、周りの大人達から高校に進学した後は最低限の勉強をすること、そして危険物取扱者および電気工事士の資格取得を勧められている。しかし、貧困状態にある保護者は子どもに対して将来につながる教育よりも、目先の生活を最優先している。そのため X 君も基本的な学習習慣を身につける機会に恵まれなかった。結局、X 君は資格を取得せず、高校も中途退学することになり、気にかけてくれていた地域の大人達との関係をも閉ざしていく状況に至った。

　このことからも、貧困状態におかれると地域の社会資源とのつながりが途切れていく。つまり、要保護児童およびその家庭が社会的排除を受けた場合には、時にその存在も危うくなる。

(2) 事例：祖父母に育てられている子ども

　Y ちゃん（5 歳）は主要都市の認定こども園である Z 園に通園している。Y ちゃんは両親の離婚によって母方の祖父母に預けられ、両親とは音信不通である。祖父母は生活保護世帯ということもあり、極めて経済的に困窮した状態に置かれている。そのため Y ちゃんは 3 食しっかりと食

べることができていない。役所との連携でＺ園に入園したＹちゃんに
対し、担当教諭は園長と相談の上、まずは朝食を摂ることができるよう
に対策を講じることにした。Ｙちゃんが登園すると別室に連れて行き、
園長と教諭が自宅から持参した朝食を提供した。当初は平均体重より軽
かったＹちゃんは協力体制の中で平均体重に達成するに至った。また、
祖父母にもＹちゃんが喜んで朝食を食べる様子が見られたことを繰り
返し伝えたところ、食事に対する理解を得ることができ、自宅でも決
まった時間に食事を出すように努めるようになった。

　要保護児童に対して、そしてその家庭の事情を配慮しつつ、そして一
人ひとりの子どもが求めるニーズを把握することが、望ましい支援を考
える一歩となる。

▶3　要保護児童等の家庭支援と社会資源

　要保護児童等の家庭支援には、要保護児童の生存権を保障するために
生活全般において児童福祉施設や里親での養育支援が必要となるが、保
護者についても子どもとの親子関係が途切れないような支援をしていく
ことが適切である。乳児院や児童養護施設に勤務する保育士などの職員
が直接子どもの養育支援にあたるが、児童相談所の児童福祉司（ケース
ワーカー）や家庭支援専門相談員（ファミリー・ソーシャルワーカー）など
も、入所時や退所時および退所後のアフターケアにおいて保護者との連
絡調整、子どもの養育方法などの相談支援を行っている。また里親に委
託された子どもは、これまでの生活が一変するため、里親に対し試し行
動をするなど、預かった当初は里親に育てることに戸惑いが生じるため、
専門機関や専門職の支援が継続的に必要とされる。

　近年、発達障害の子どもが施設に入所する場合も増えており、児童
発達支援センターなどで療育を受けられるようにしたり、場合によって
は障害児入所施設への措置変更も行ったりしている。このように、要保
護児童とその家庭に対しては、多様な専門機関や専門職等が関わり、子

どもの育ちと保護者を支え、子どもが将来社会で自立していけるように
支えていく仕組みを作っている。

図表 15-2

要保護児童対策地域協議会（子どもを守る地域ネットワーク）

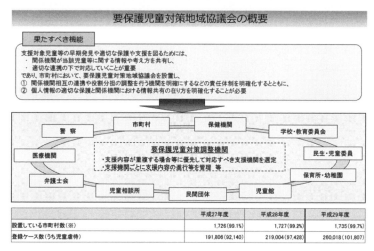

（出典）平成27、28年度：厚生労働省雇用均等・児童家庭局総務課調べ、平成29年度：厚生労働省子ども家庭局家庭福祉課調べ
（注）平成27、28年度：4月1日時点　平成29年度：4月1日時点（設置している市町村数、登録ケース数）、2月調査時点（調整機関職員数）

出典：内閣府「令和元年版子供・若者白書」

図表 15-3

子ども・若者支援地域協議会

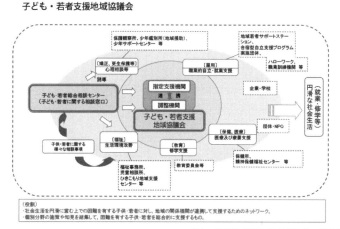

出典：内閣府「平成 30 年版子供・若者白書」

　地域の中で要保護児童やその家庭が生活していく時に、市町村の保健センターや医療機関、保育所、幼稚園、民生児童委員、主任児童委員など、他分野にわたる専門機関や専門職、関係者が関わり、連携・協力してネットワークを築いている。それについては、これまでも述べられているように要保護児童対策地域協議会(**前頁図表15-2**)が機能することが重要である。また「子ども・若者育成推進法」の具体的取り組みとして、「子ども・若者地域協議会」(**前頁図表15-3**)も全国で設置が推進されており、社会的に困難な生活状況にある子どもや若者に修学・就業等を支援することにより、将来円滑な社会生活ができることを目的に整備されている。

演習問題

　里子が保育所等を利用する場合、保育士としてあなたは里親とどのような連携を図っていきたいと考えますか。

【引用・参考文献】

厚生労働省子ども家庭局・家庭福祉課「里親制度(資料集)令和元年10月」

児童育成協会監修、相澤仁、村井美紀編『社会的養護内容』中央法規、2015年

児童育成協会監修、松原康雄、圷洋一、金子充編『社会福祉』中央法規、2015年

中村淳彦『東京貧困女子。』東洋経済新報社、2019年

森岡清美『家族社会学』有斐閣、1967年

山野良一『子どもに貧困を押し付ける国・日本』光文社、2014年

吉田眞理『生活事例からはじめる保育相談支援』青鞜社、2011年

(小山貴博)

【監修者紹介】

谷田貝公昭（やたがい・まさあき）
　目白大学名誉教授、NPO法人子どもの生活科学研究会理事長
［主な著書］『図説・子ども事典』（責任編集、一藝社、2019年）、『改訂新版・保育用語辞典』（編集代表、一藝社、2019年）、『改訂版・教職用語辞典』（編集委員、一藝社、2019年）、『新版 実践・保育内容シリーズ［全6巻］』（監修、一藝社、2018年）、『しつけ事典』（監修、一藝社、2013年）、『絵でわかるこどものせいかつずかん［全4巻］』（監修、合同出版、2012年）ほか

【編著者紹介】

佐藤純子（さとう・じゅんこ）
　淑徳大学短期大学部こども学科教授
［主な著書］『親こそがソーシャルキャピタル：プレイセンターにおける協働が紡ぎだすもの』（単著、大学教育出版、2012年）、『早わかり子ども・子育て支援新制度』（共編著、ぎょうせい、2015年）、『拡がる地域子育て支援』〈子ども・子育て支援シリーズ第2巻〉（編集代表、ぎょうせい、2017年）、『保育と子ども家庭支援論』（共著、勁草書房、2020年）ほか

髙玉和子（たまたま・かずこ）
　駒沢女子短期大学教授
［主な著書］『新版・保育用語辞典』（編集委員、一藝社、2016年）、『新版児童家庭福祉論』、『新版相談援助』ともに〈コンパクト版保育者養成シリーズ〉（編著、2018年、一藝社）、『改訂版保育相談支援』〈保育者養成シリーズ〉（編著、2019年、一藝社）、『改訂版・実践力がつく保育実習』（編著、大学図書出版、2019年）ほか

【執筆者紹介】（五十音順）

大村海太（おおむら・かいた）　　　［第9章］
　桜美林大学 健康福祉学群助教

古野愛子（この・あいこ）　　　　　［第6章］
　福岡こども短期大学専任講師

小山貴博（こやま・たかひろ）　　　［第15章］
　函館大谷短期大学こども学科助教

佐久間美智雄（さくま・みちお）　　［第14章］
　東北文教大学短期大学部 子ども学科教授

佐藤純子（さとう・じゅんこ）　　　［第1章］
　編著者紹介参照

泉水祐太（せんすい・ゆうた）　　　［第8章］
　武蔵野短期大学幼児教育学科助教

髙玉和子（たかたま・かずこ）　　　［第2章］
　編著者紹介参照

谷　真弓（たに・まゆみ）　　　　　［第3章］
　箕面学園福祉保育専門学校専任講師

田村知栄子（たむら・ちえこ）　　　［第4章］

　　名古屋女子大学文学部講師

千葉千恵美（ちば・ちえみ）　　　［第10章］

　　高崎健康福祉大学人間発達学部教授

中村年男（なかむら・としお）　　　［第13章］

　　志學館大学人間関係学部准教授

西山里利（にしやま・さとり）　　　［第11章］

　　目白大学人間学部准教授

西山敏樹（にしやま・としき）　　　［第5章］

　　東京都市大学都市生活学部准教授

橋本好広（はしもと・よしひろ）　　　［第7章］

　　足利短期大学准教授

古谷　淳（ふるや・あつし）　　　［第12章］

　　聖ヶ丘教育福祉専門学校専任教員

装丁（デザイン）・イラスト　小原正泰

〈保育士を育てる〉シリーズ④

子育て支援

2020年3月10日　初版第1刷発行
2021年4月15日　初版第2刷発行

監修者　谷田貝 公昭
編著者　佐藤純子・高玉和子
発行者　菊池 公男

発行所　株式会社 一藝社
　　　　〒160-0014 東京都新宿区内藤町1-6
　　　　Tel. 03-5312-8890　Fax. 03-5312-8895
　　　　E-mail : info@ichigeisha.co.jp
　　　　HP : http://www.ichigeisha.co.jp
　　　　振替　東京 00180-5-350802
印刷・製本　モリモト印刷株式会社

©Masaaki Yatagai
 2020 Printed in Japan
ISBN 978-4-86359-203-2　C3037
乱丁・落丁本はお取り替えいたします